Superwetter!
Beim Waschtag ist die Wäsche
strahlend weiß geworden.
Doch bunt sähe sie viel
lustiger aus, oder?
Male alles in leuchtenden Farben
und mit Mustern aus!

Der Hund liegt vor der Hütte.
Der Hund liegt in der Hütte.
Der Hund liegt auf der Hütte.

Die Katze kauert vor dem Mauseloch.
Die Katze putzt sich vor dem Mauseloch.
Die Katze schläft vor dem Mauseloch.

Schaue dir die Bilder genau an, und lies dann die drei Sätze, die unter jedem Bild stehen. Streiche die falschen Sätze mit einem roten Stift durch.

Die Höhlenforscher haben genug geforscht und möchten mit ihrem U-Boot wieder aus der Höhle hinaus. Wie gelangen sie nach oben? Folge den Pfeilen. (Nicht alle Pfeile führen zum Ziel.)

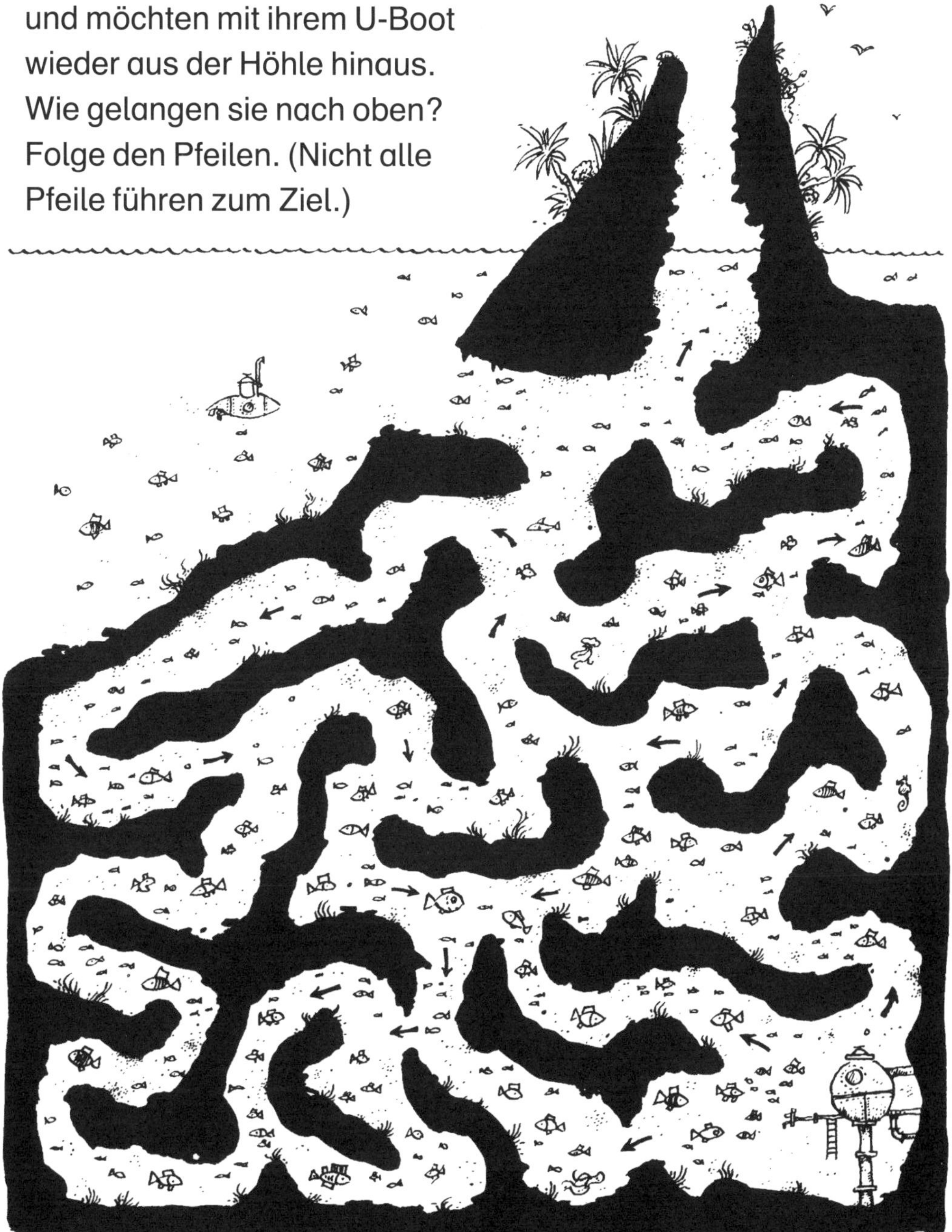

B = Blau G = Gelb GR = Grün O = Orange S = Schwarz

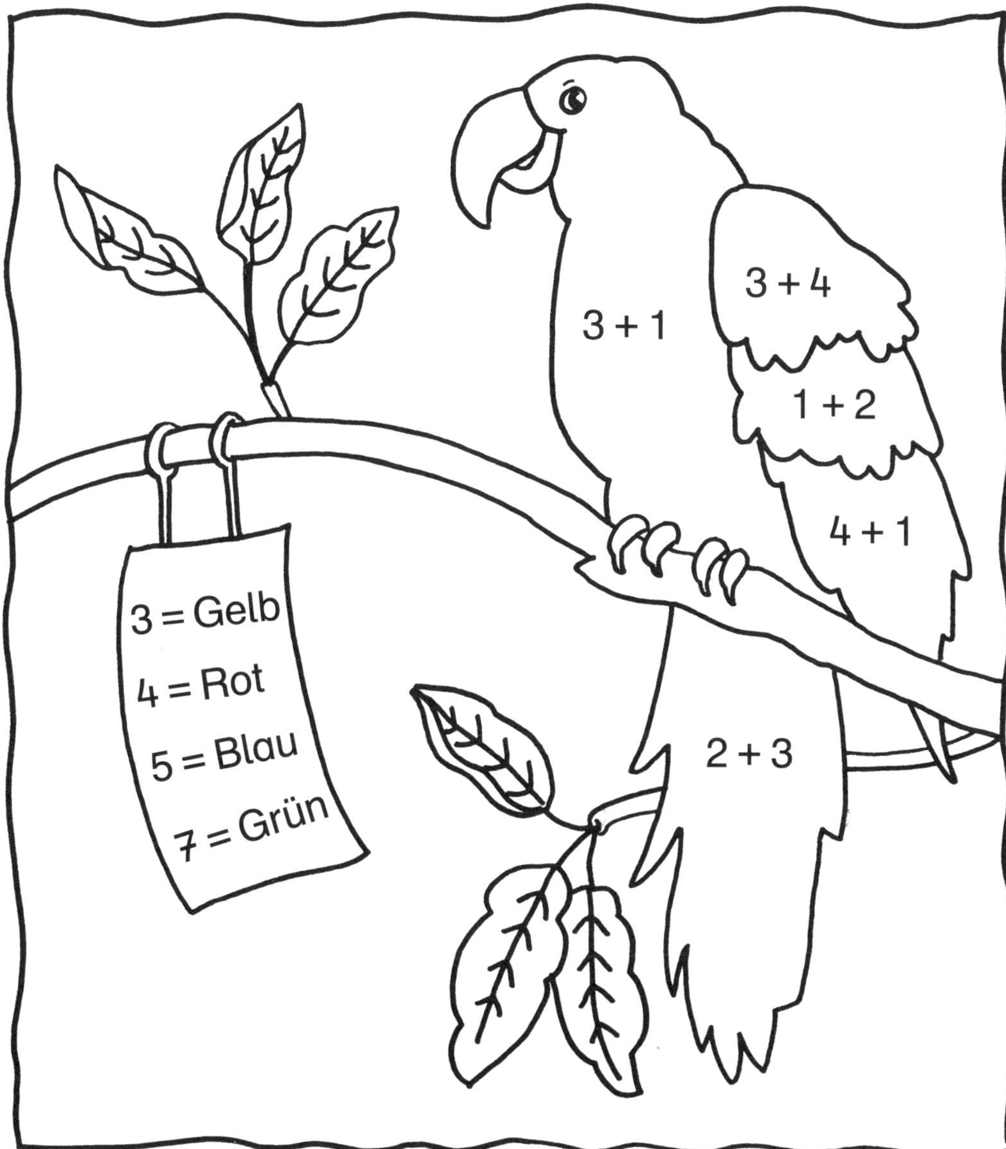

Rechne die Aufgaben, und male so aus:

3 = Gelb 4 = Rot 5 = Blau 7 = Grün

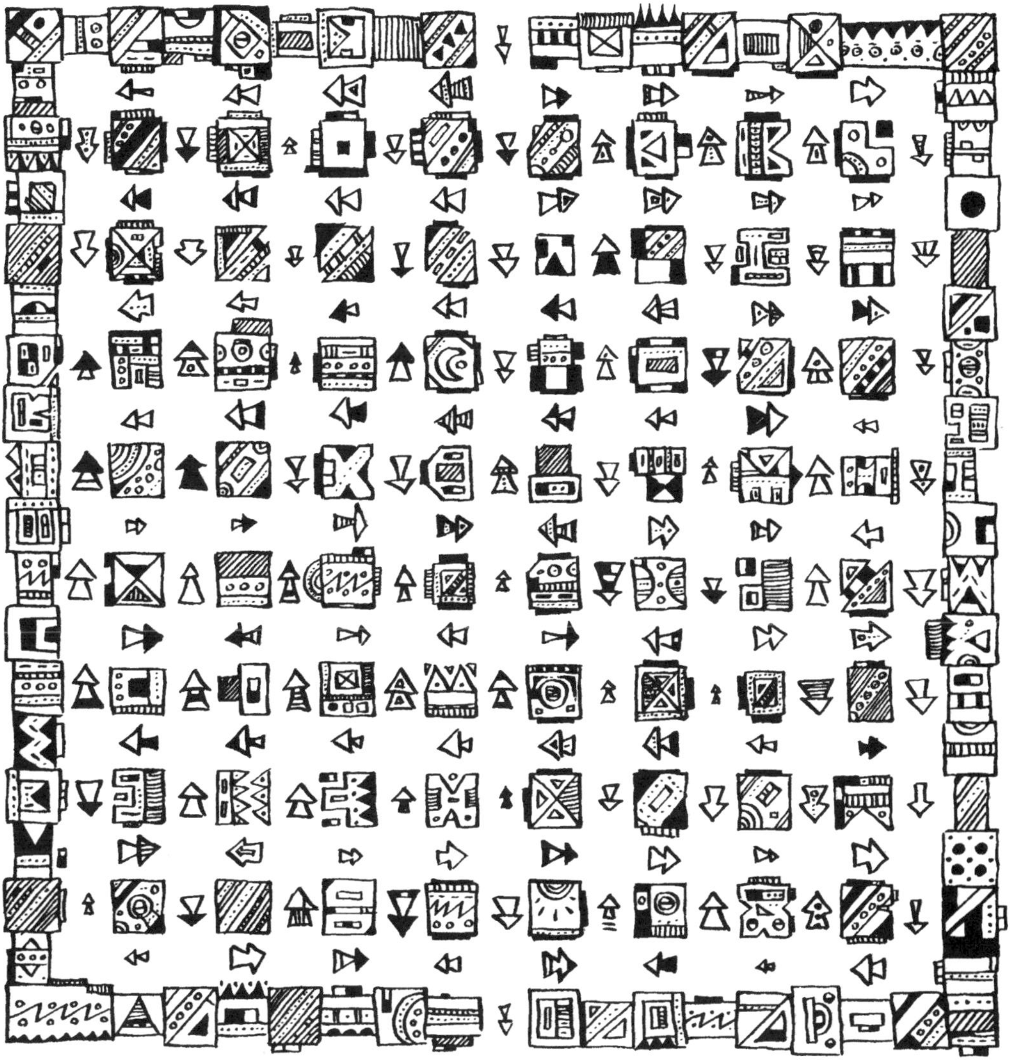

Im Flaggen-Labyrinth musst du nur den Pfeilen folgen,
dann findest du ganz leicht hindurch.

Hausaufgabe

M S. 7 → 0o

Die beiden Schweine
sind Zwillinge.
Aber sehen sie
wirklich völlig
gleich aus?
Finde die 16 Unterschiede.

Pauline steckt mit ihren blauen Handschuhen dem Schneemann eine große rote Mohrrübe ins Gesicht. Der Schneemann hat zwei Augen und fünf Knöpfe aus Kohlen. Zum Schluss setzt Pauline ihm eine große rote Pudelmütze auf und legt ihm einen grünen Schal um. Ergänze das Bild, und male die Gegenstände in den angegebenen Farben aus.

Herr Mio und Herr Mau haben schon viele Labyrinthe gesehen, aber dieses hier finden sie ganz besonders spannend. Du auch?

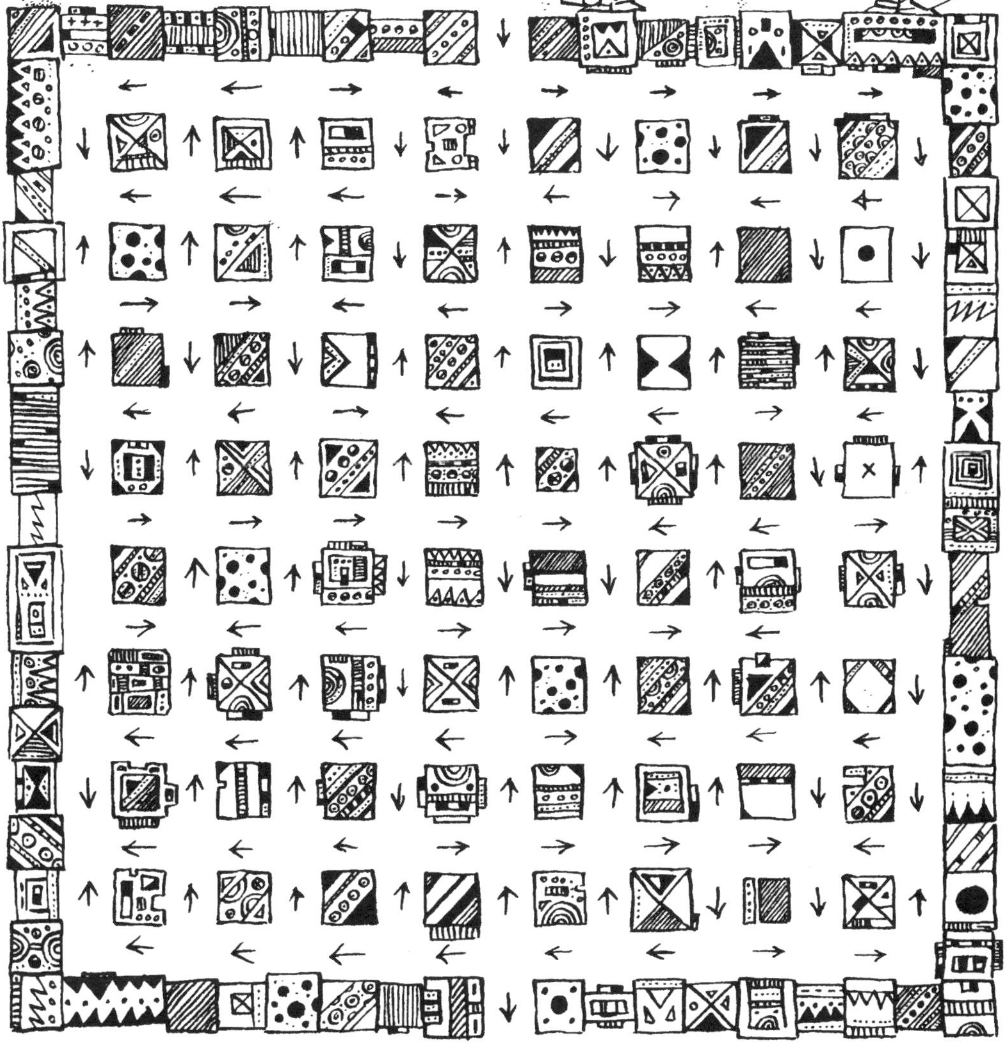

Welche dieser Vögel sind
gleich groß? Findest du die
drei Paare, ohne nachzumessen?
Male die Buchstaben auf dem
Bauch dieser Paare farbig an.
Von oben nach unten gelesen
ergeben sie ein Wort,
das dir bestimmt gefällt.

Was für ein Durcheinander! Welche Figuren kannst du hier erkennen? Kreise sie in der Reihe unten ein.

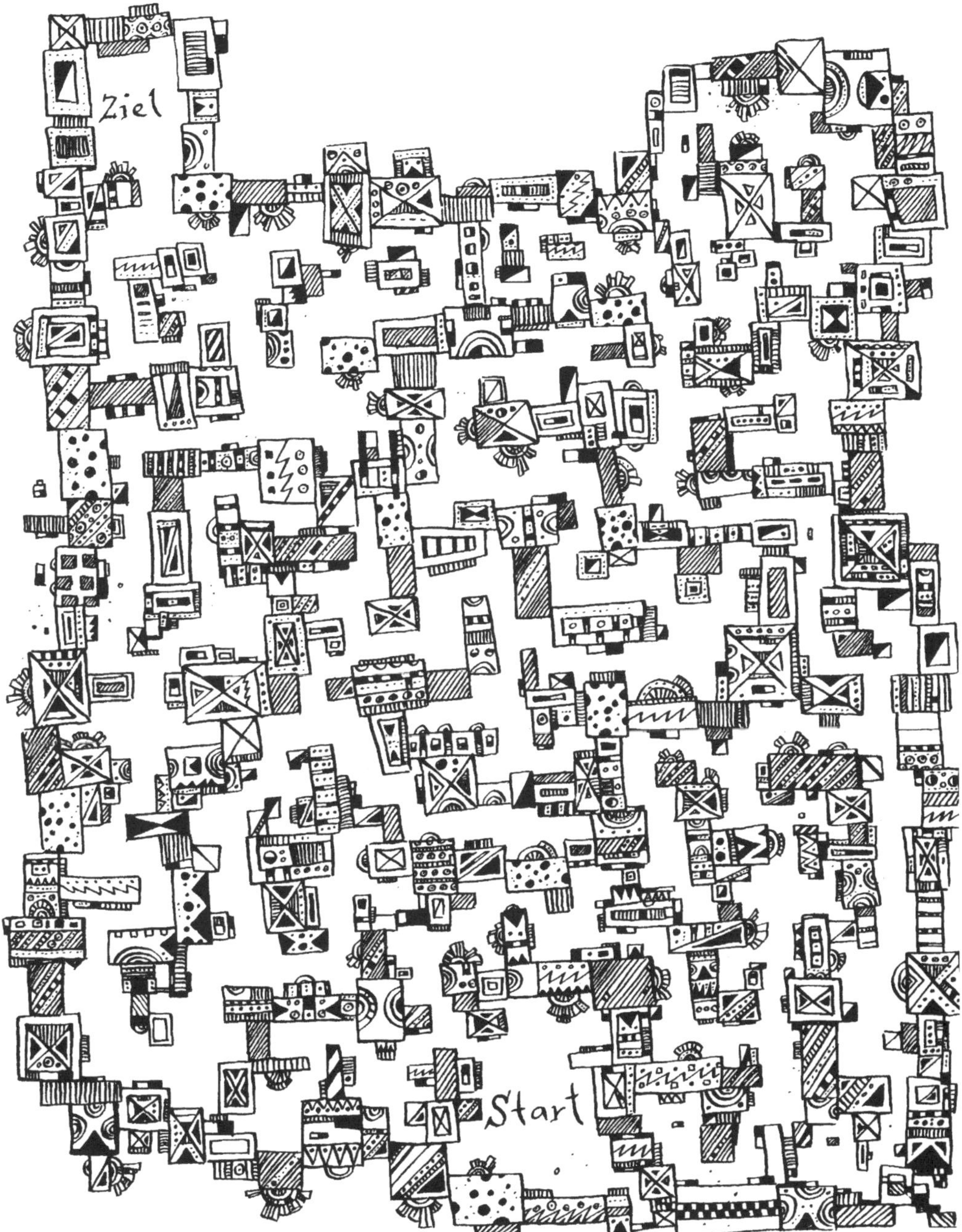

Kein Weg ist wie der andere! Wo geht es hier entlang?

Hier sind
neun Buchstaben
und ein Ausrufezeichen
versteckt. Male sie bunt
aus, und lies, was ich
mir wünsche.

Murmelmeisterschaft im Labyrinthe-Kegeln.
Wie kommt der Murmelmeister
zum Ziel?

Schaue dir die Bilder an, und sprich jedes Wort laut.
Wo hörst du das Pf/pf? Am Anfang, in der Mitte oder am Schluss?
Kreuze an.

Wer den alten Meister
Magier im alten Schloss
besuchen will,
muss auf die kaputten
Leitern aufpassen!

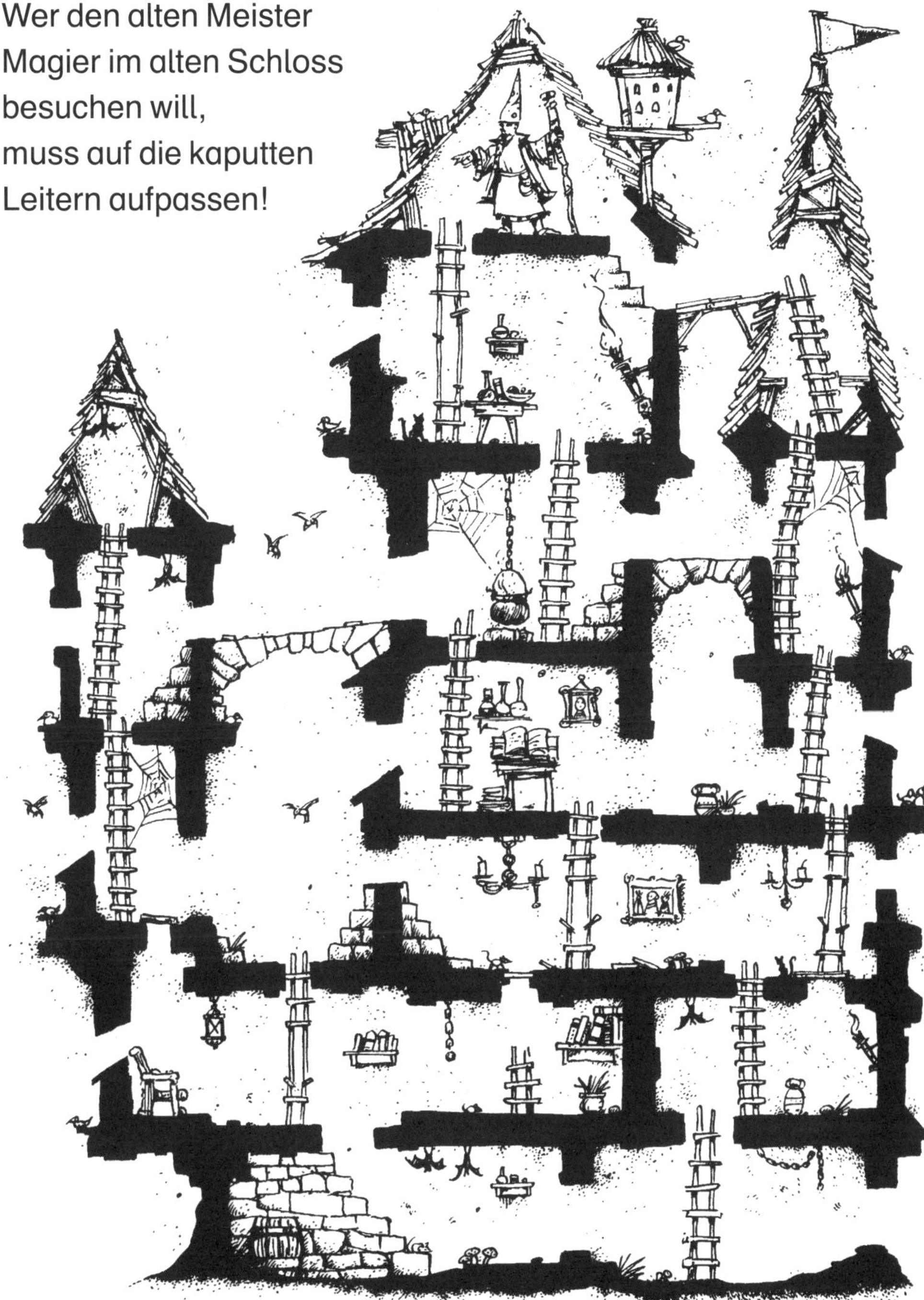

Ich wünsche mir:

____

So errätst du meinen Wunsch:
Suche alle Buchstaben,
und male sie aus.
Schreibe sie der Reihe
nach auf die Linie.

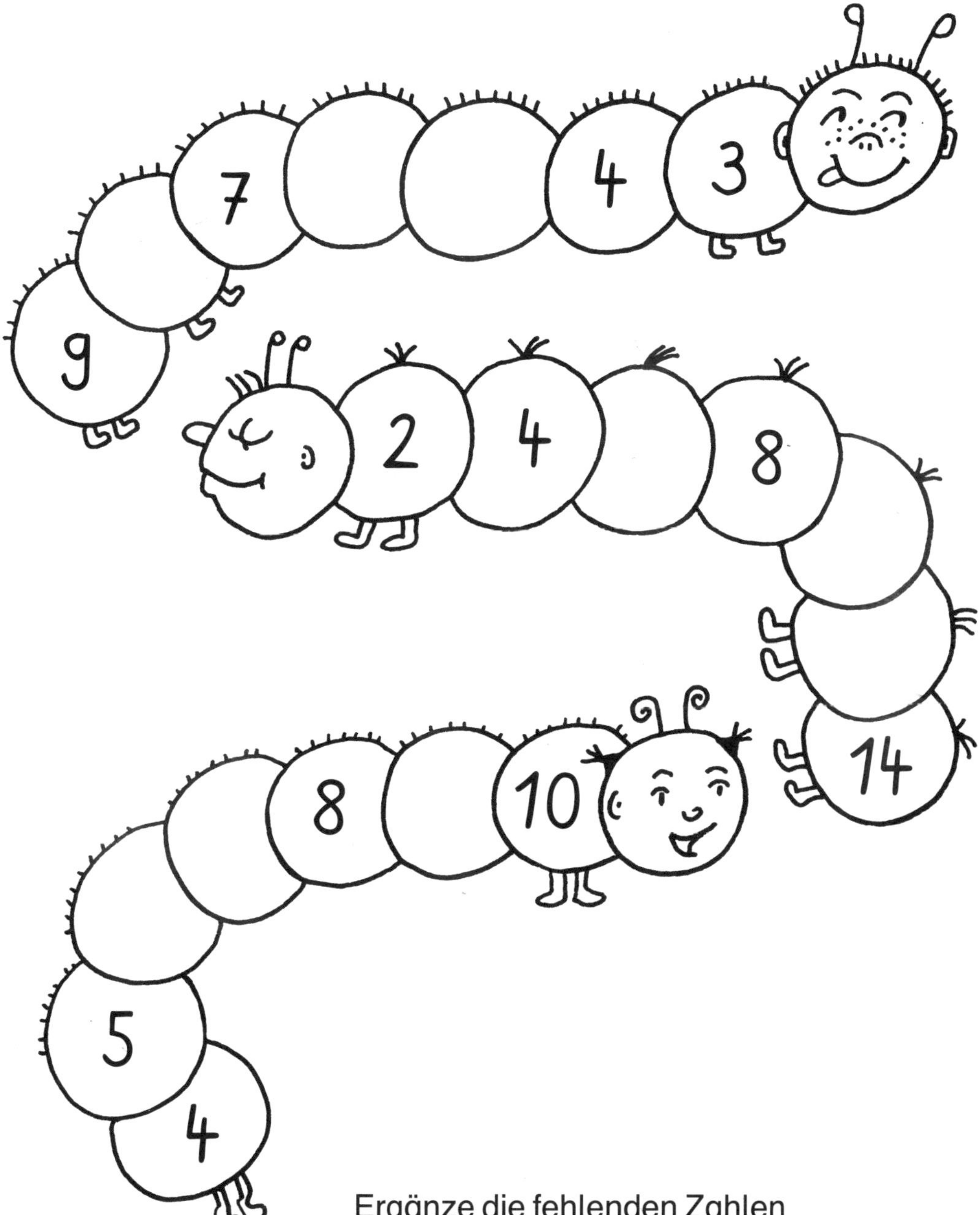

Ergänze die fehlenden Zahlen
in den Körpern der Rechenraupen.

Der Held sucht den Minotaurus für einen ehrlichen Zweikampf, aber das Monster hat sich in einem Labyrinth versteckt. Wie gelangt er dorthin?

Lasse alle Tiere und Dinge mit einem Luftballon davonschweben.
Überlege, mit welchem Buchstaben ihre Namen beginnen, und male eine Schnur zu dem entsprechenden Ballon.

Finde zu jedem Gegenstand die richtigen Wortteile, und verbinde sie mit dem Bild. Benutze für jedes Wort eine andere Farbe.

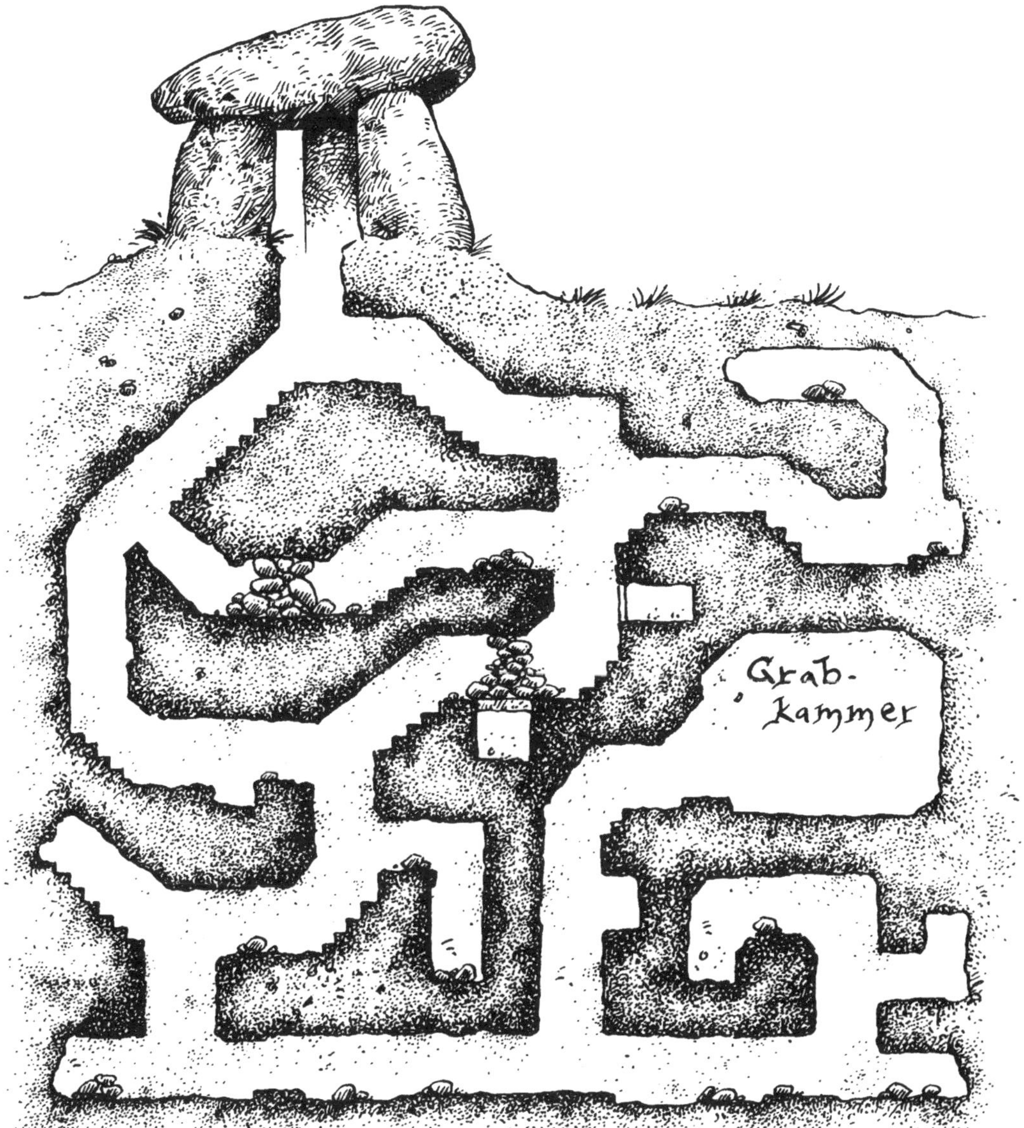

Unter diesem Hügelgrab gibt es viele verschlungene Gänge.
Welcher führt in die Grabkammer?

Schaue dir die Bilder in jeder Zeile an.
Welches passt nicht zu den anderen?
Trage den Anfangsbuchstaben des Namens in den entsprechenden Kreis ein. Das Lösungswort sagt dir, wie du bist!

In der Drachenstadt führen nur wenige Wege von einem Zimmer zum anderen durch die gefährlichen Mauern. Welcher ist es?

Kannst du die fehlenden Buchstaben
in den Wörtern ergänzen?

Der Käfer muss,
um zu seinem Kissen
zu gelangen, durch
die dicke Birne.
Welchen Weg soll
er nehmen?

Ein Ding in jeder Reihe passt nicht zu den anderen.
Welches? Weshalb nicht?

Die Zahlen in zwei Mauersteinen müssen zusammengezählt immer die Zahl in dem darüber liegenden Stein ergeben. Ergänze richtig.

Der Pilzgnom hütet einen Schatz der besonderen Art. Wie gelangt er dorthin?

Rate alle Tiernamen, und schreibe sie in die Kästchen. Hast du alle richtig geraten, erscheint in den grauen Kästchen der Name eines ziemlich widerborstigen Wesens.

Welche Tiere siehst du hier?
Schreibe ihre Namen in das Wortgitter.

Wer kommt in
die Schatzkammer:
Krieger Roter Stern
oder Krieger
Schwarzer Halbmond?

Auf und unter diesem Baum tummeln sich viele Tiere. Wie viele sind es?
Wie viele Vögel erkennst du?
Male alle Vögel gelb an.
Welche anderen Tiere kannst
du noch entdecken?
Male sie orange an.

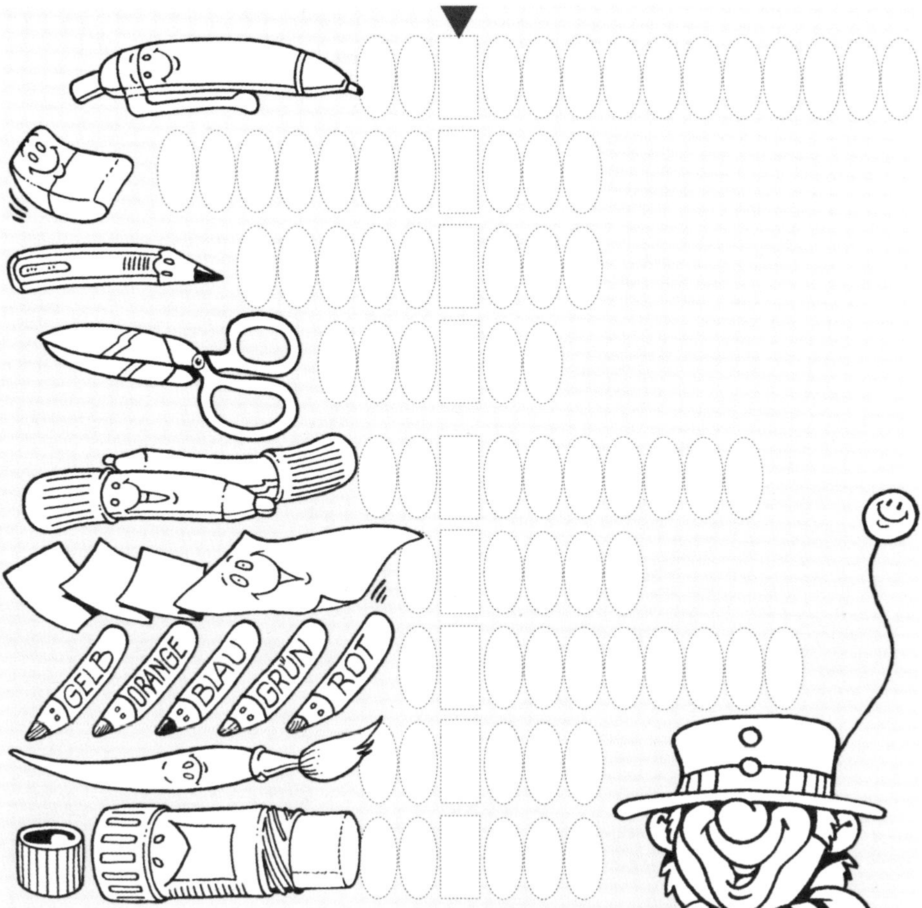

Was brauchst du
zum Malen und Basteln?
Trage die Namen in die Felder ein,
und lies in den Kästchen nach,
was beim Basteln das
Wichtigste ist.

Ein Riesenlabyrinth für Könner. Findest du den Weg zum Ziel?

Sortiere jedes Namenwort in den Einkaufswagen mit dem richtigen Begleiter. Schreibe die Wörter auf die Linien.

Einst gab es viele Gänge und Kammern unter dem Wüstensand, doch heute sind viele Stollen verschüttet. Findest du dennoch die Verbindung zwischen Eingang und Ausgang?

Die Sphinx bewacht den Sarg des Pharao.
Wie kommst du trotzdem in die Grabkammer?

Auf dieser Buchstabentafel sind 13 Ländernamen versteckt. Markiere jedes Land, das du findest, mit einem Buntstift. Und wo möchtest du deine Ferien verbringen?

D	O	S	D	Ä	N	E	M	A	R	K	T	I	E	L	V
N	U	Z	E	Y	V	Q	A	I	M	B	T	S	S	I	H
I	R	C	H	A	F	I	N	N	L	A	N	D	P	I	K
E	F	D	A	M	R	Ü	L	H	G	K	U	S	A	B	C
D	Z	E	C	K	A	I	D	R	R	Y	T	U	N	O	Z
E	G	U	V	A	N	Z	P	Ü	I	T	A	L	I	E	N
R	O	T	Ü	R	K	E	I	N	E	J	K	D	E	U	C
L	Ö	S	T	E	R	R	E	I	C	H	I	N	N	K	E
A	S	C	G	W	E	I	P	U	H	I	F	O	M	G	L
N	U	H	Ä	K	I	T	S	Q	E	V	U	R	L	H	T
D	Z	L	P	M	C	J	P	Ü	N	X	F	W	J	Z	W
E	G	A	K	I	H	G	B	E	L	G	I	E	N	K	C
Y	Ü	N	L	Z	O	D	Y	J	A	P	R	G	Y	Z	T
D	T	D	W	K	E	S	L	L	N	F	B	E	L	N	Y
A	Z	O	M	S	C	H	W	E	D	E	N	N	J	J	N

Kannst du die Elefanten im Zoo nach Alter sortieren?
Beginne mit dem jüngsten Elefanten.

Im Tangram-Labyrinth führt nur ein Weg zum Ziel.

Hast du Lust, einmal die neun Städte zu besuchen, deren Namen hier zu lesen sind? Doch zuerst musst du die Buchstaben ordnen. Lass dir von einem Erwachsenen helfen, und schlag im Autoatlas oder auf der Europakarte nach, wo die Städte liegen.

1. .... 2. ....

3. .... 4. ....

5. .... 6. ....

7. .... 8. ....

9. ....

Hüpfe mit dem Frosch in Zweierschritten weiter.
Schreibe die Zahlen in die Seerosenblätter.

Hoho, freut sich die alte Hexe, da kommen Hänsel und Gretel! Wie gelangt sie aus ihrer Hexenkammer nach oben?

Welcher Vogel kommt zur großen Vogelversammlung zu spät?

Male alle Vögel, die nach rechts blicken, mit einem roten Stift aus. Schreibe die Buchstaben auf ihrem Bauch der Reihe nach auf eine Linie.

Wenn in einer Zeile zwei Vögel nach rechts blicken, notiere nur einen der beiden Buchstaben.

Die Lösung heißt:

Wie kommt Till Eulenspiegel wieder zu seinem kleinen Hündchen?

Es liebt Käse
und Speck.
Sein größter Feind
ist die Katze.

Es trägt große Lasten
und ist manchmal
störrisch. Sein Name
wird auch als Schimpf-
wort verwendet.

Dieses graue Tier
lebt in Afrika und
Indien und hat
sehr große Ohren.

Hier werden Tiere beschrieben. Lies die Texte genau.
Welcher Text gehört zu welchem Bild?
Male die Rahmen in derselben Farbe aus.

Blitzschnell hüpfen die Frösche ins dichte Schilf. Wer hat sie erschreckt? Verbinde der Reihe nach nur die Sternchen mit den Nummern 1 bis 51, dann erfährst du es.

Im alten Pompeji gab es einen tollkühnen Wettbewerb: Wem als Erster ein fehlerfreier Eierlauf durch das Labyrinth gelang, der bekam ein goldenes Ei. Schaffst du es auch?

Natürlich gab es auch bei den alten Griechen berühmte Labyrinth-Läufe. Achill soll seinerzeit gewonnen haben. Wie gelangte er zum Ziel?

M	W	N	K	A	T	Z	E
I	T	J	H	T	E	S	G
L	O	H	S	U	E	V	P
P	B	O	X	G	P	A	F
A	R	T	L	A	O	W	E
K	E	H	U	N	D	E	R
A	M	J	R	S	F	I	D
T	D	N	A	U	E	H	A
K	U	H	U	L	S	M	K
C	E	R	P	O	T	L	A

In diesem Wortgitter haben sich fünf Namenwörter versteckt. Sie können waagrecht und senkrecht geschrieben sein. Suche die Tiere, die sich hier tummeln. Umkreise jedes Wort in einer anderen Farbe.

Die drei Frösche hüpfen den ganzen Tag umher. Welcher Frosch ist am Abend am weitesten von seiner Seerose im Teich entfernt? Wie viele Meter sind die drei am Ende vorwärts gekommen?

Halt, da fehlt doch einer!
Die sieben Zwerge sind nicht vollständig.
Wer holt den siebten Zwerg?

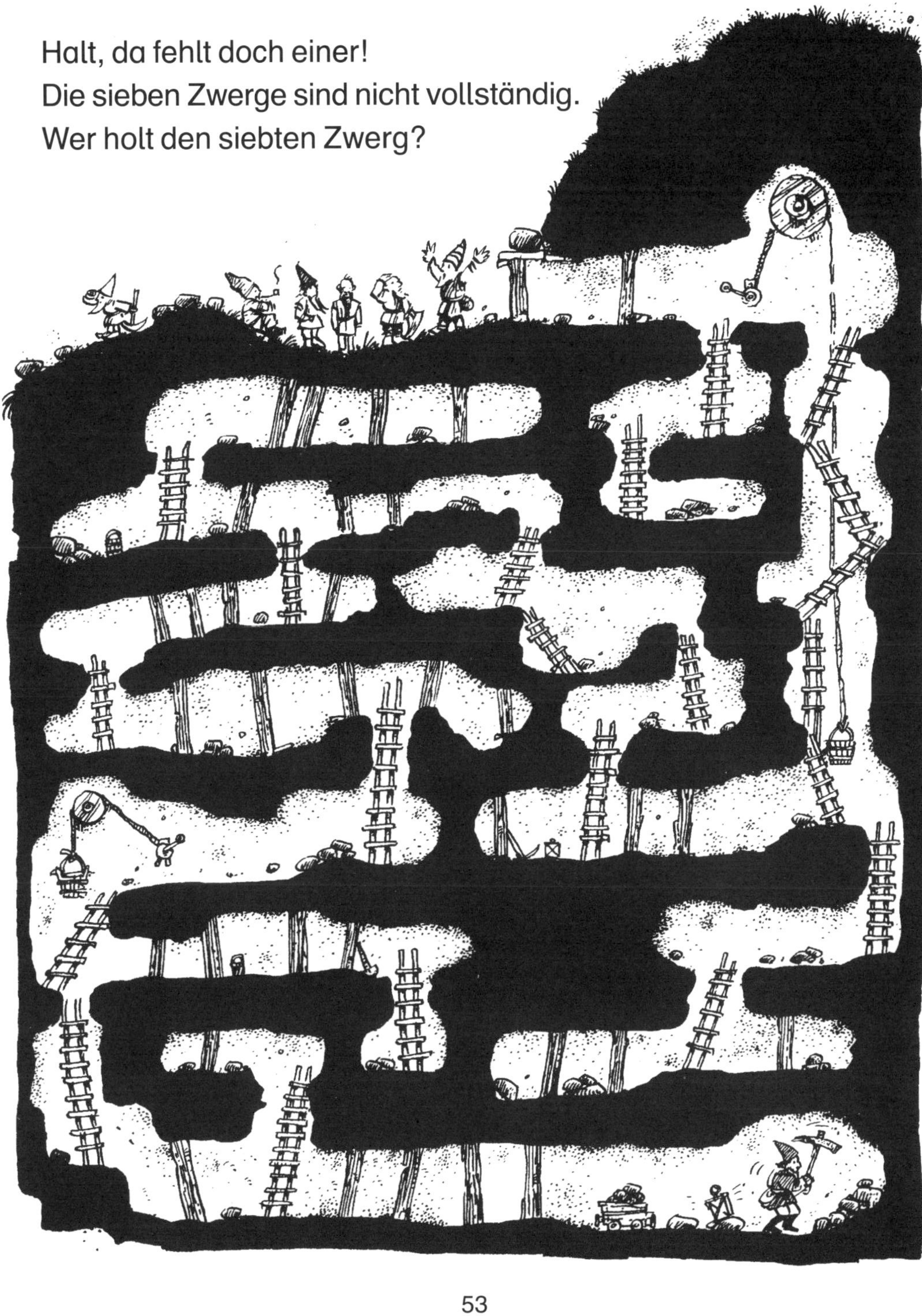

Was ist denn hier los?
Bauer Bimberg traut
seinen Augen nicht.
Verbinde der Reihe
nach die Punkte
von 1 bis 94.

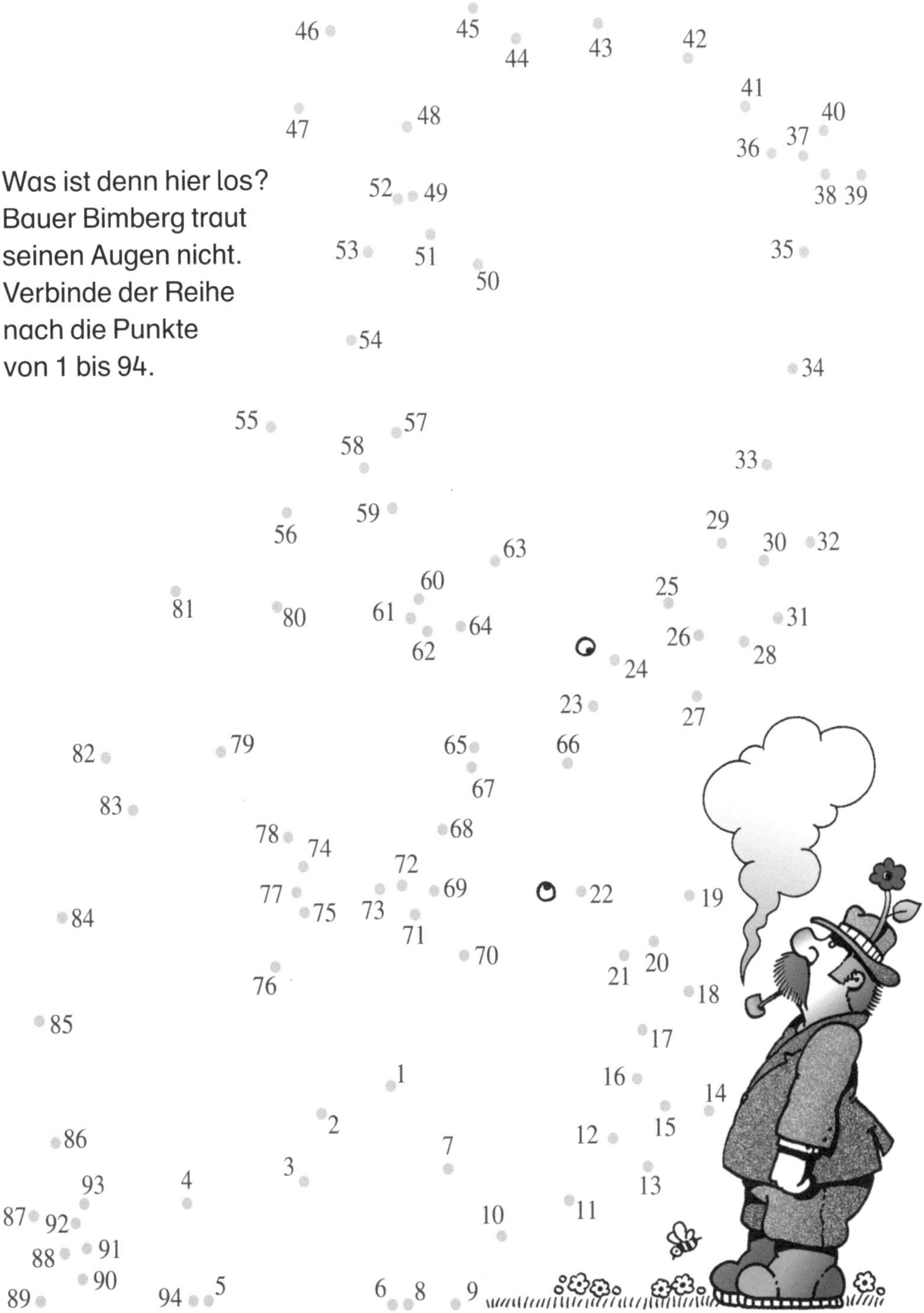

Die Zahlen in den Körben müssen zusammengezählt werden. Das Ergebnis steht in den Baumkronen. Kannst du alles richtig ergänzen? Bei den Schmetterlingen steht das Ergebnis auf den Schmetterlingskörpern.

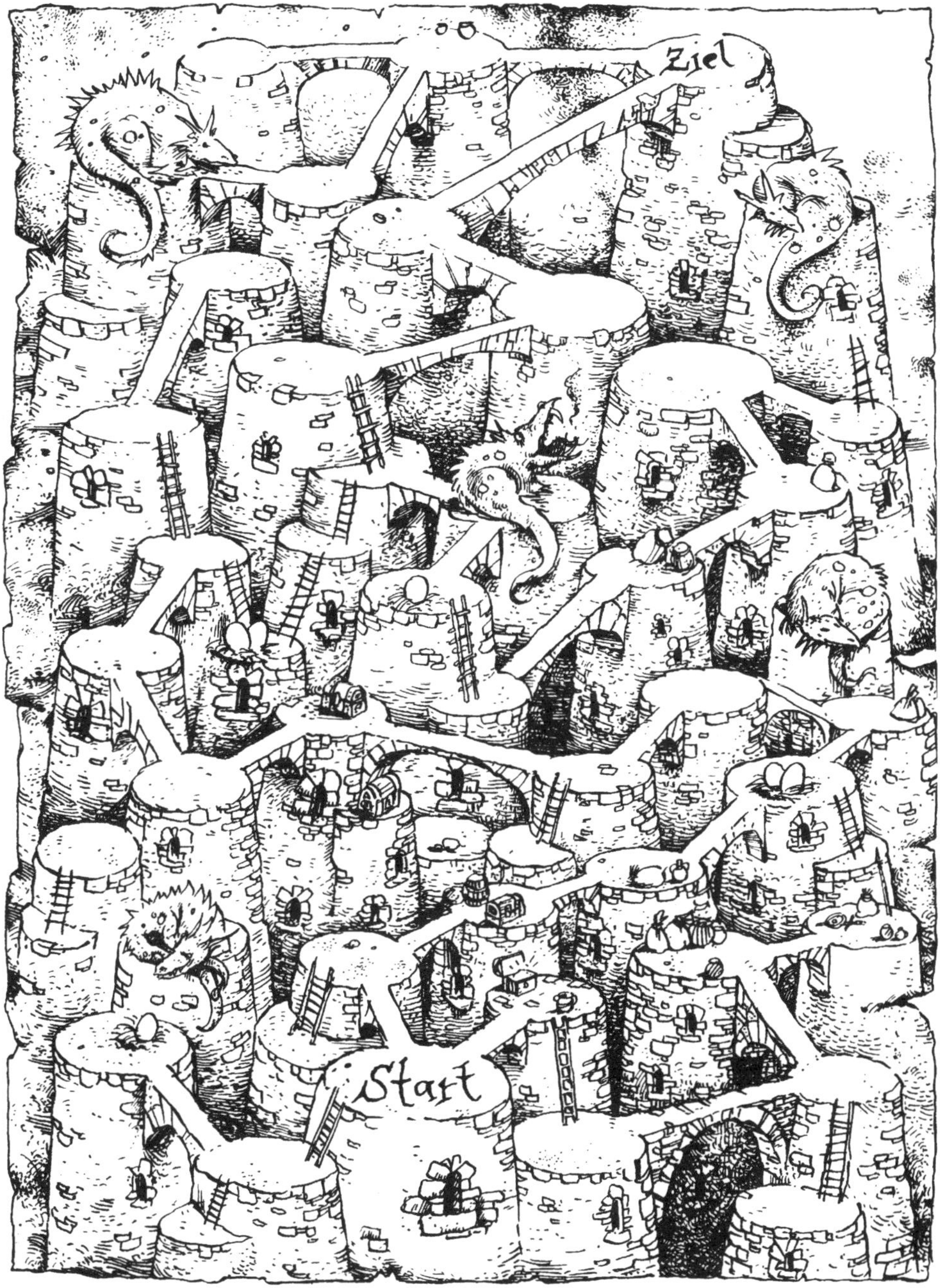

Die Drachenstadt ist gut bewacht. Wer findet den sicheren Weg an den Drachen vorbei?

Wer kommt denn hier?
Verbinde die Punkte der Reihe nach von A bis Z und dann weiter von a bis m mit einem dicken Stift.

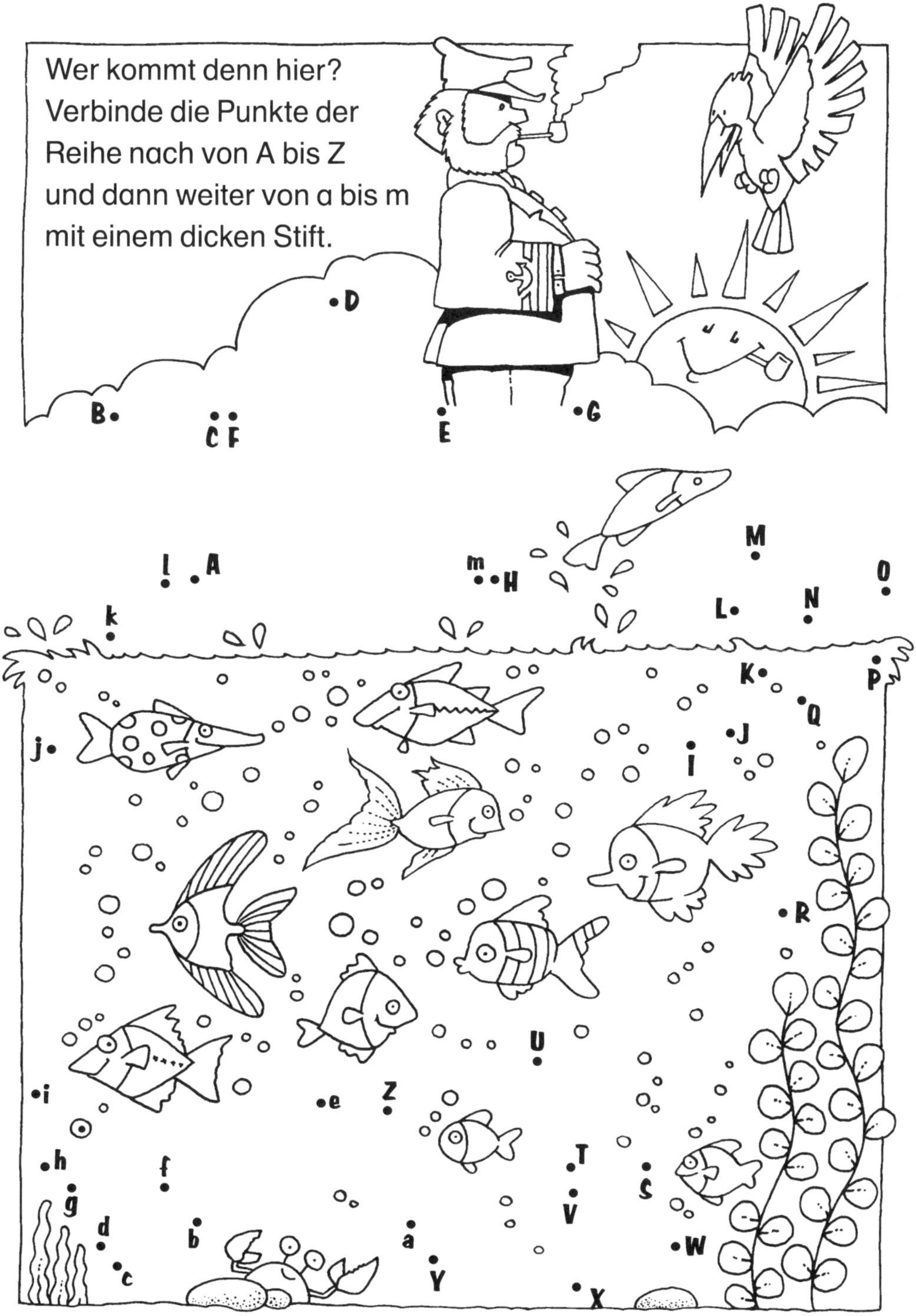

Lies die Wörter mit V laut und deutlich. Hört sich das V an wie ein F? Dann spure das Wort rot nach. Hört es sich an wie ein W, spure es blau nach.

Hmmm, Honig!
Natürlich wollen die Bärchen zum Honigtopf. Aber Vorsicht! Die Ungeheuer warten schon.

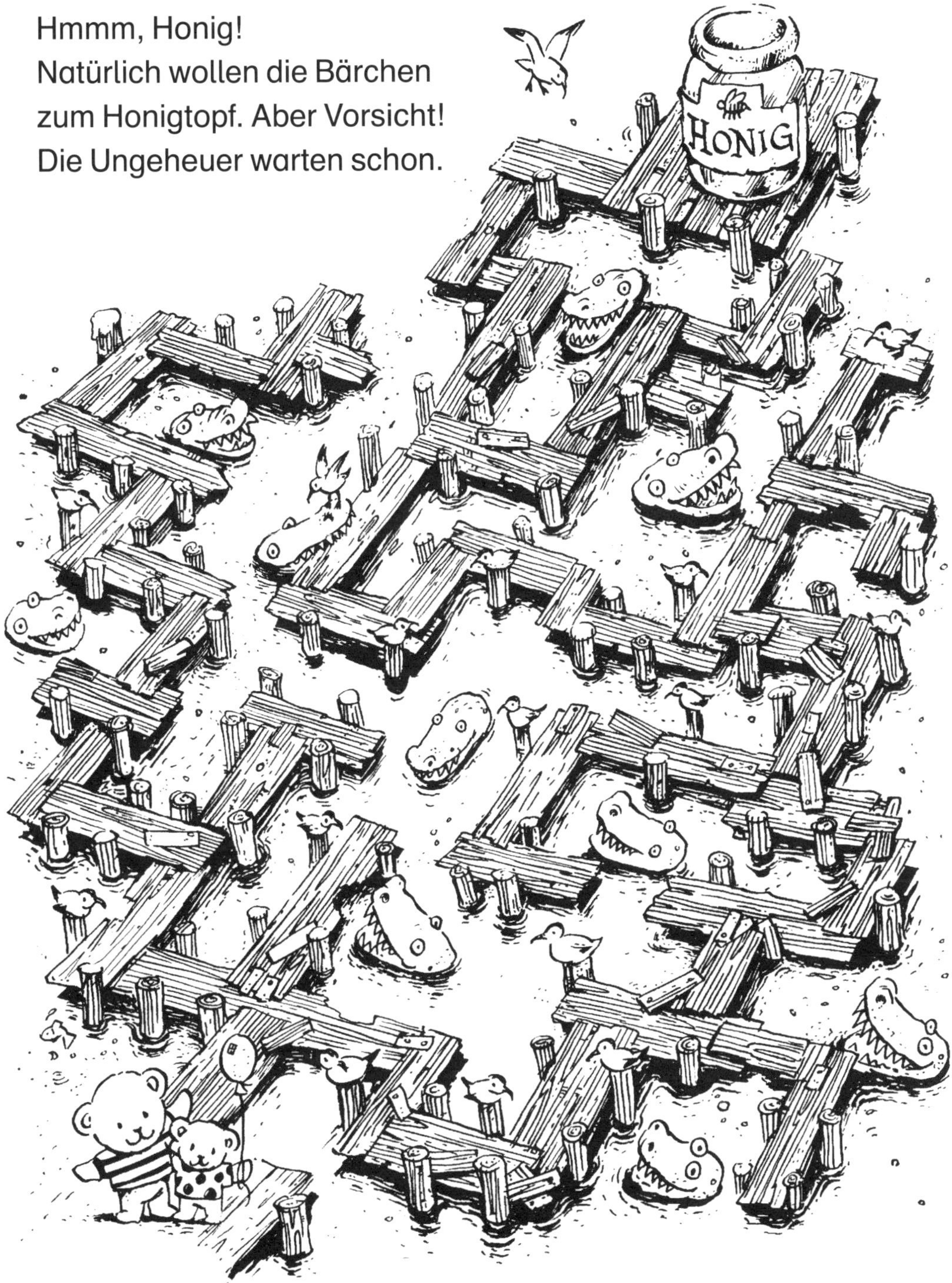

Mit wem turnt der Elefant? Verbinde die Sternchen nur in Zweierschritten von 2 bis 92, dann erkennst du den zweiten Künstler.

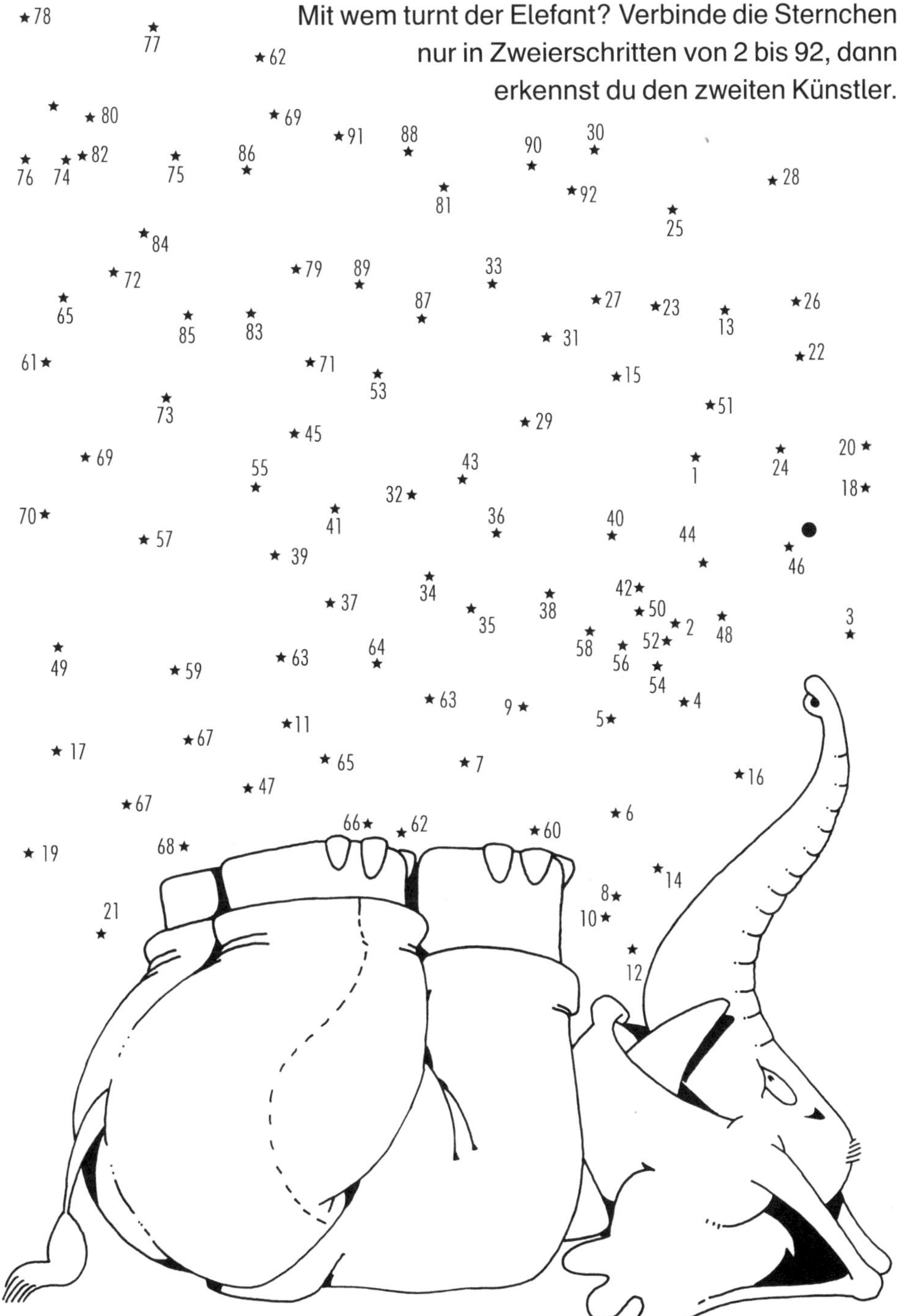

Jedes Haus hat einen Vorgänger und einen Nachfolger.
Kannst du alle Zahlen richtig ergänzen?

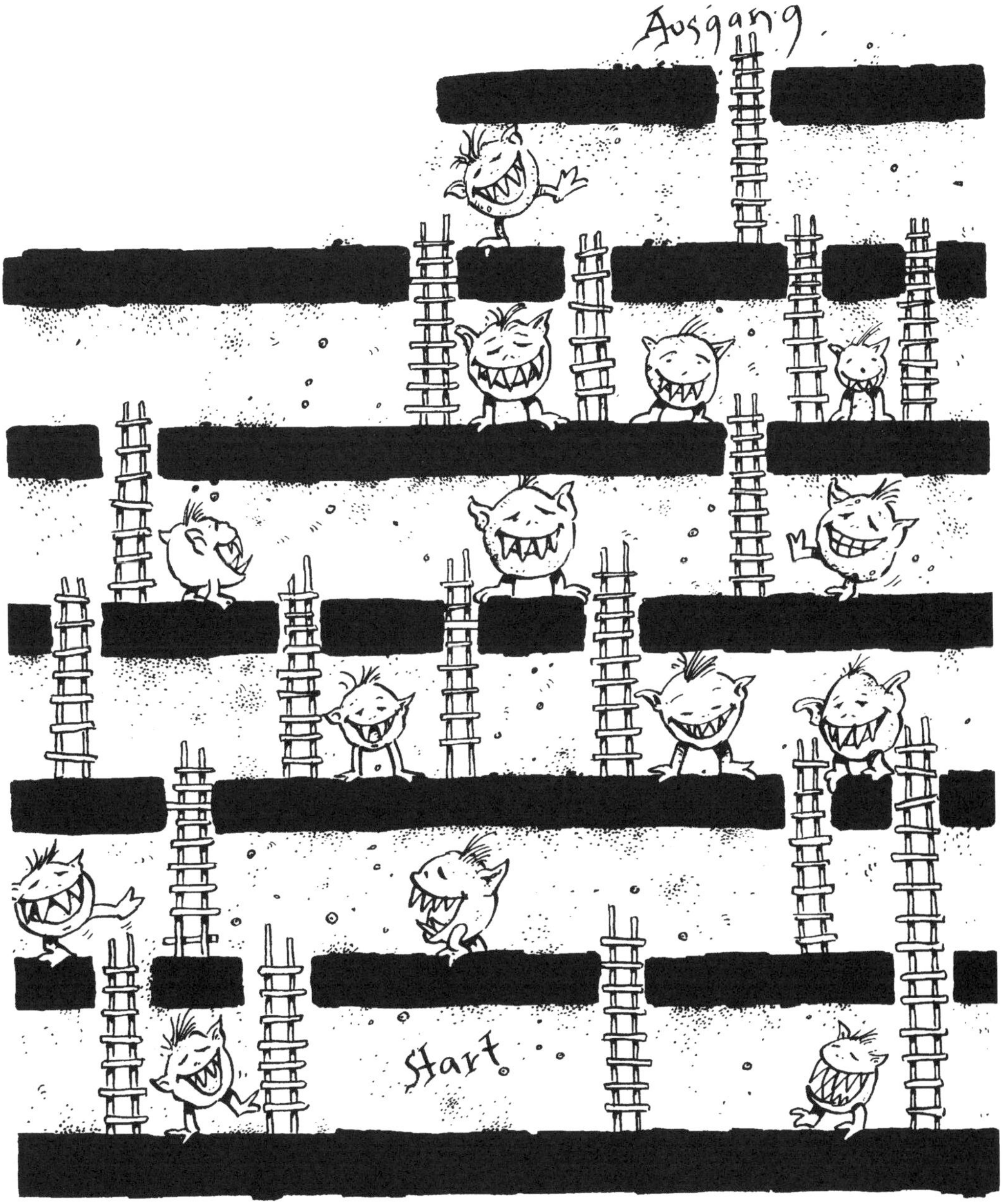

Vorsicht, die Monster haben die Leitern angefressen.
Findest du den Weg zum Ausgang?

Das Klopapier hängt viel zu hoch! Weißt du, zu welcher Rolle das Ende gehört, das ich in der Hand halte?

Heiße Spur

Wer ist der Einbrecher, der am Tatort seinen Handabdruck hinterlassen hat?

Um zum Ausgang zu gelangen, muss der Dieb an vielen fiesen und dicken Monstern vorbei. Wie gelangt er dorthin?

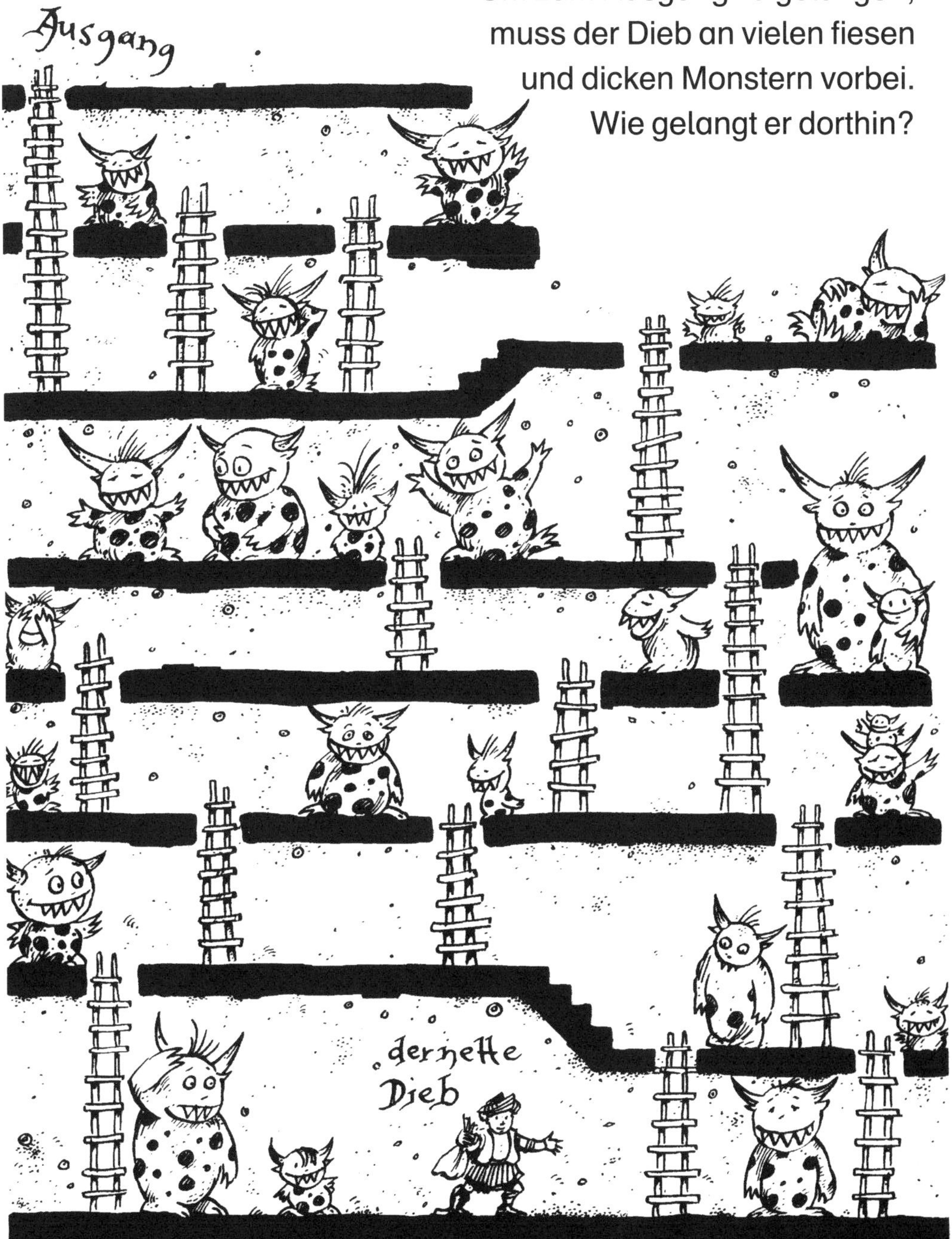

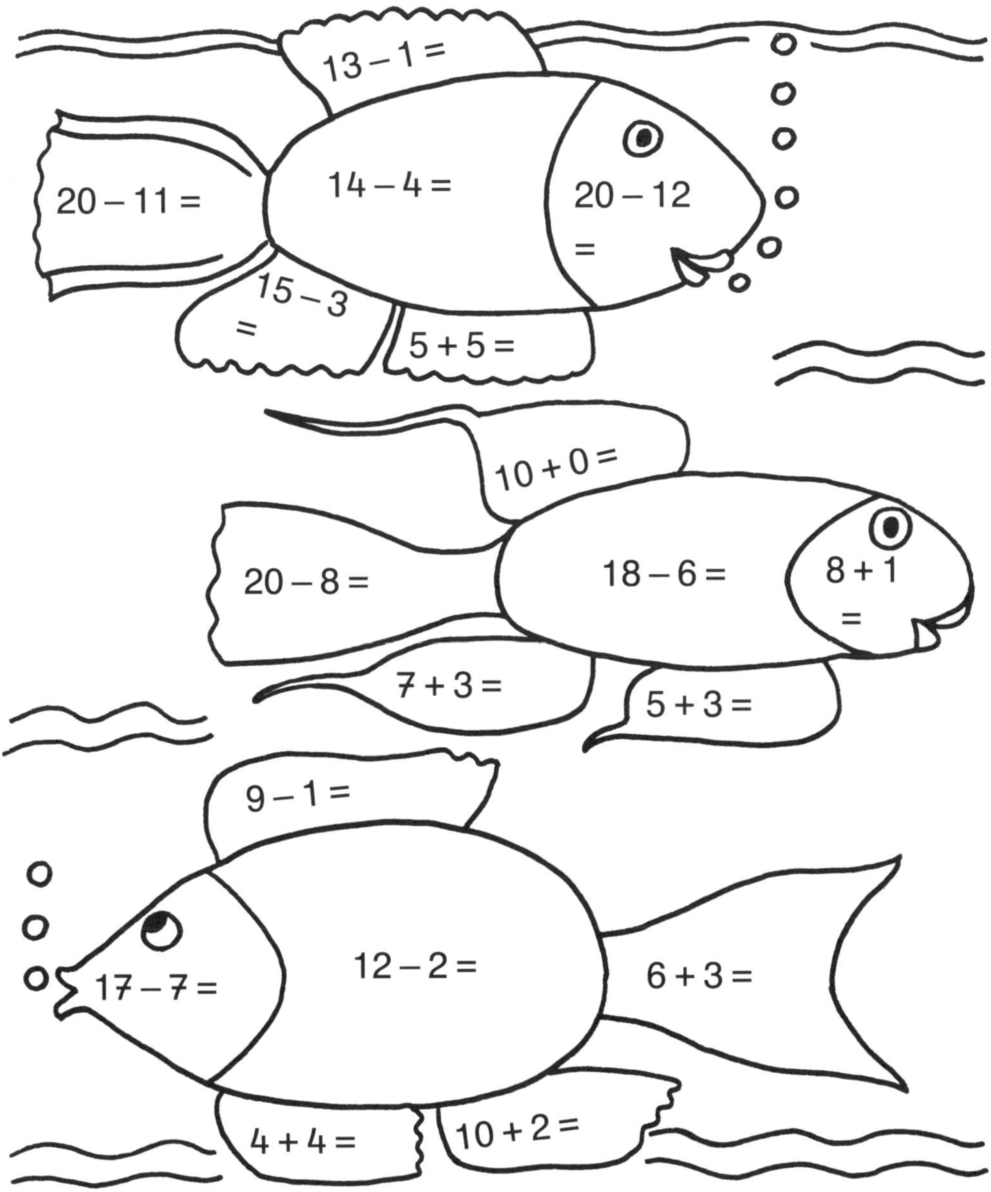

Rechne die Aufgaben, und male so aus:

8 = Grün 9 = Orange 10 = Rot 12 = Blau

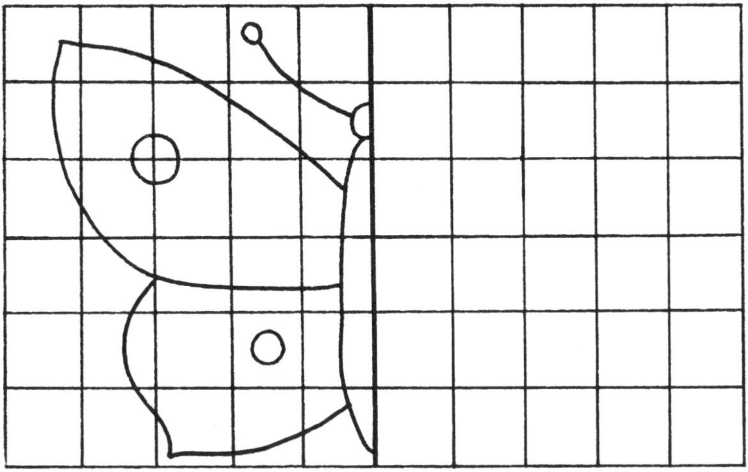

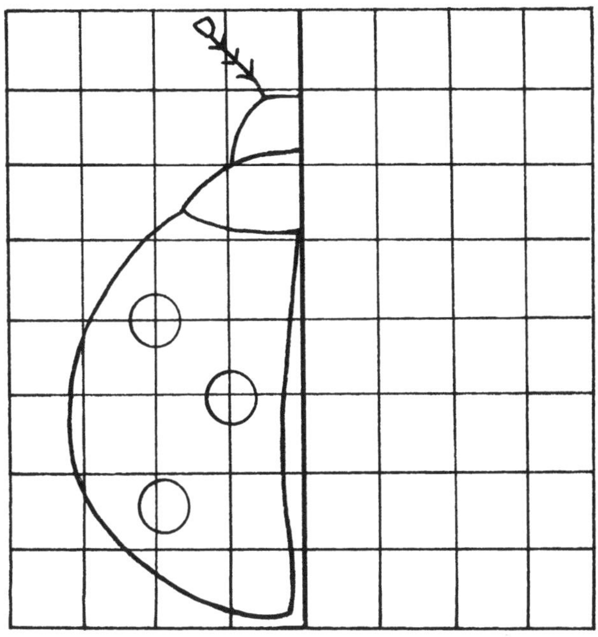

Kannst du diese Figuren ergänzen?

Die Gitter helfen dir dabei!

Kleiner Wolf möchte mit dem Kanu in sein Dorf zurück. Doch unterwegs lauern gefährliche Kraken. Wie kommt er nach Hause?

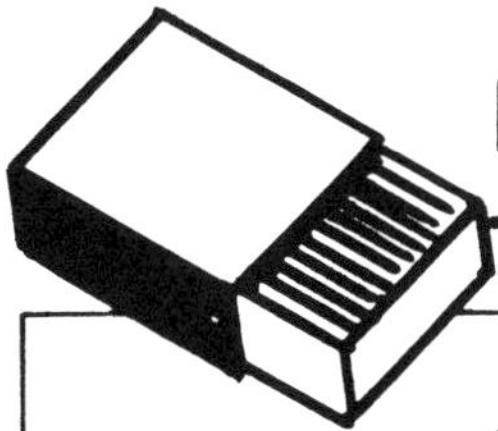

STREICHHÖLZER

10 Wenn du vier Hölzer verlegst, wird daraus eine Hütte.	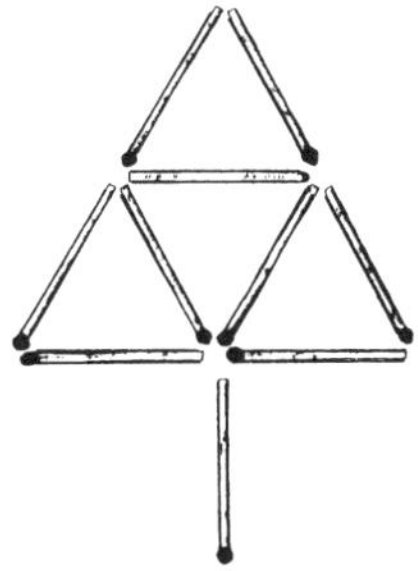	Zeichne deine Lösungen in diese Felder:
Mit **11** bist du ein Architekt, der aus einem Haus zwei Häuser macht, indem er ein Hölzchen verlegt.	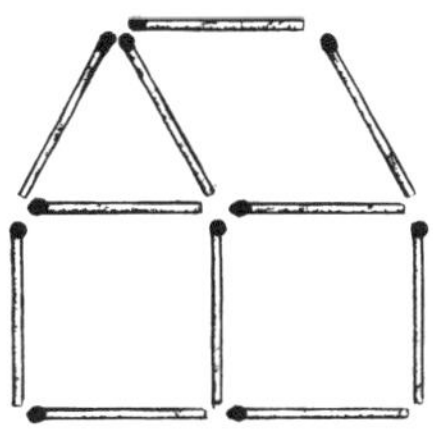	
Mit **12** bist du ein Künstler, der aus einem Doppelkreuz drei Quadrate macht.	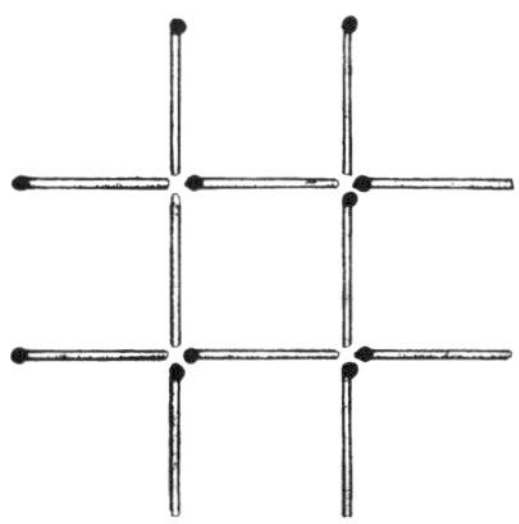	
Mit **20** bist du ein Zauberer. Aus fünf Quadraten machst du sechs.	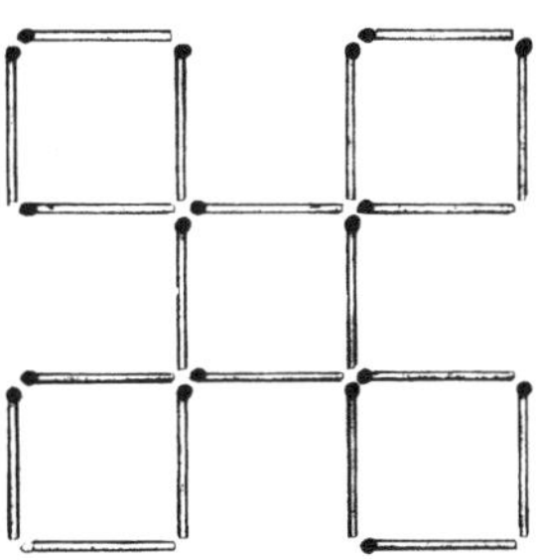	

Hier wird eine ganz besondere Flagge gehisst.
Findest du den Weg durch die Labyrinthe?

Heute ist großer Angelwettbewerb bei den Tieren.
Doch was angeln sie?

Lies die Buchstaben von links nach rechts und von oben nach unten. Dann findest du die Verben (Tunwörter), die hier versteckt sind. Kreise sie ein.

W	Ü	N	S	C	H	E	N	B	E	R	W	Z	H	U	N
S	C	H	M	I	H	G	E	H	E	N	U	E	R	U	P
N	I	C	H	L	I	H	H	A	R	B	E	I	T	E	N
R	A	S	S	A	G	E	N	L	P	R	N	C	R	R	K
M	H	M	V	U	B	I	L	T	D	E	U	H	E	K	U
U	Ö	E	U	F	I	N	D	E	N	N	N	N	F	L	L
B	R	L	W	E	I	N	E	N	L	N	R	E	F	Ä	B
R	E	D	E	N	F	A	M	A	V	E	E	N	E	R	O
A	N	E	S	G	R	E	I	F	E	N	G	E	N	E	C
T	V	N	S	Z	A	W	R	F	K	Ü	S	B	E	N	H
E	E	R	E	O	G	H	R	O	M	B	I	T	T	E	N
N	A	N	N	I	E	W	E	R	F	E	N	S	C	H	L
R	E	I	S	E	N	K	N	L	S	N	G	K	A	U	R
P	A	P	L	A	K	I	K	A	U	F	E	N	M	O	D
E	R	L	V	E	R	S	T	E	H	E	N	S	I	M	U

Schreibe die Buchstaben, die in den dick umrandeten Kästchen stehen, auf:

____

Bringe die Buchstaben in die richtige Reihenfolge, und du erfährst, was Tom gern tut:

____

Immer zwei Figuren sind fast gleich.
Verbinde sie mit verschiedenen Farbstiften.

Ein LKW mit einer Ladung frischer Orangen will durch die arabische Stadt auf den Bazar. Wie gelangt er dorthin?

Aufgepasst, hier brauchst du gute Augen! Verbinde alle Sternchen von 1 bis 88 miteinander.

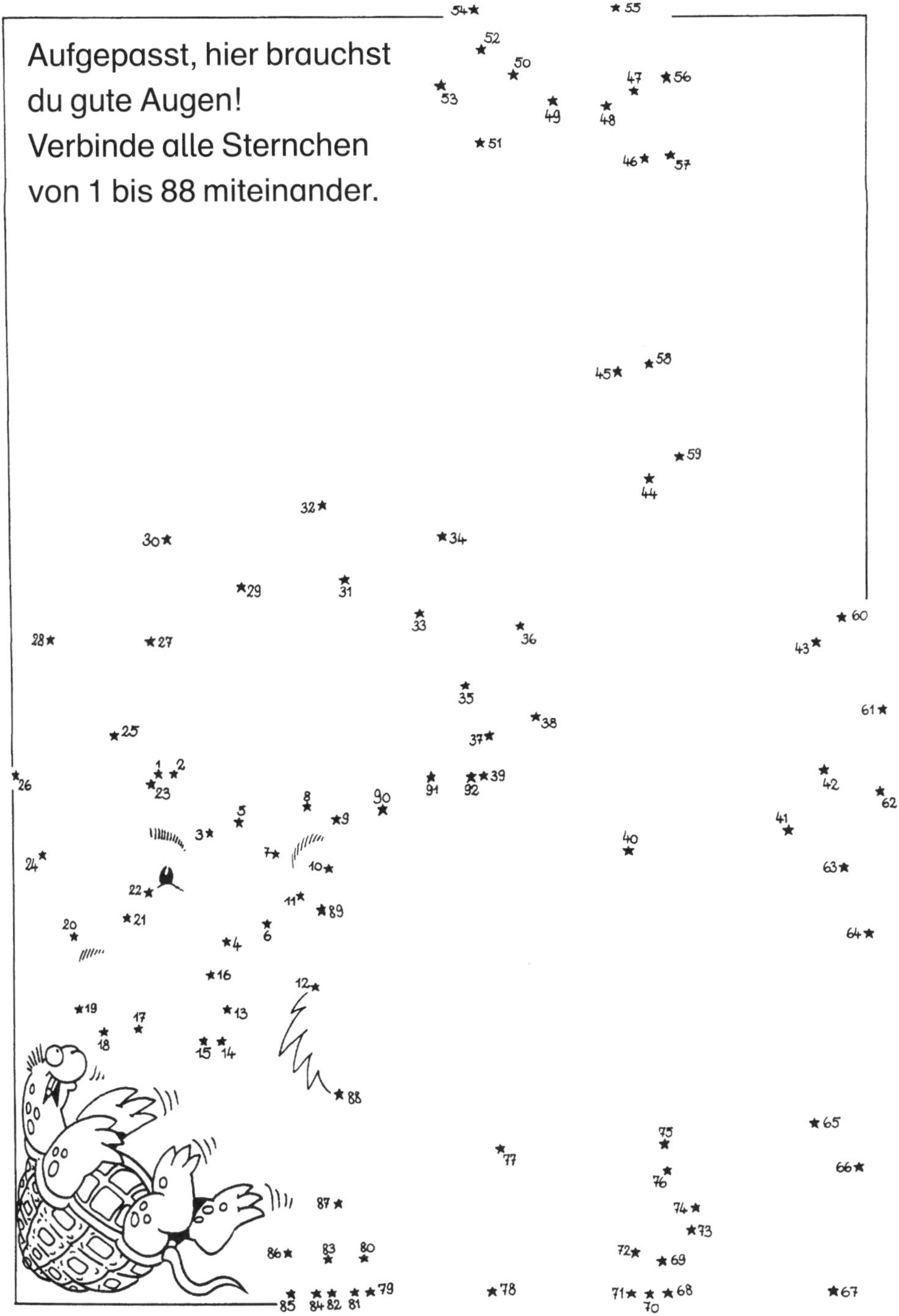

Hoppla, da fehlt doch was.
Kannst du die fehlenden Buchstaben ergänzen?

Der Archäologe ist auf der Suche nach dem Goldenen Idol. Es soll in der Nähe der alten Inkastatue verborgen sein. Wie findet er es?

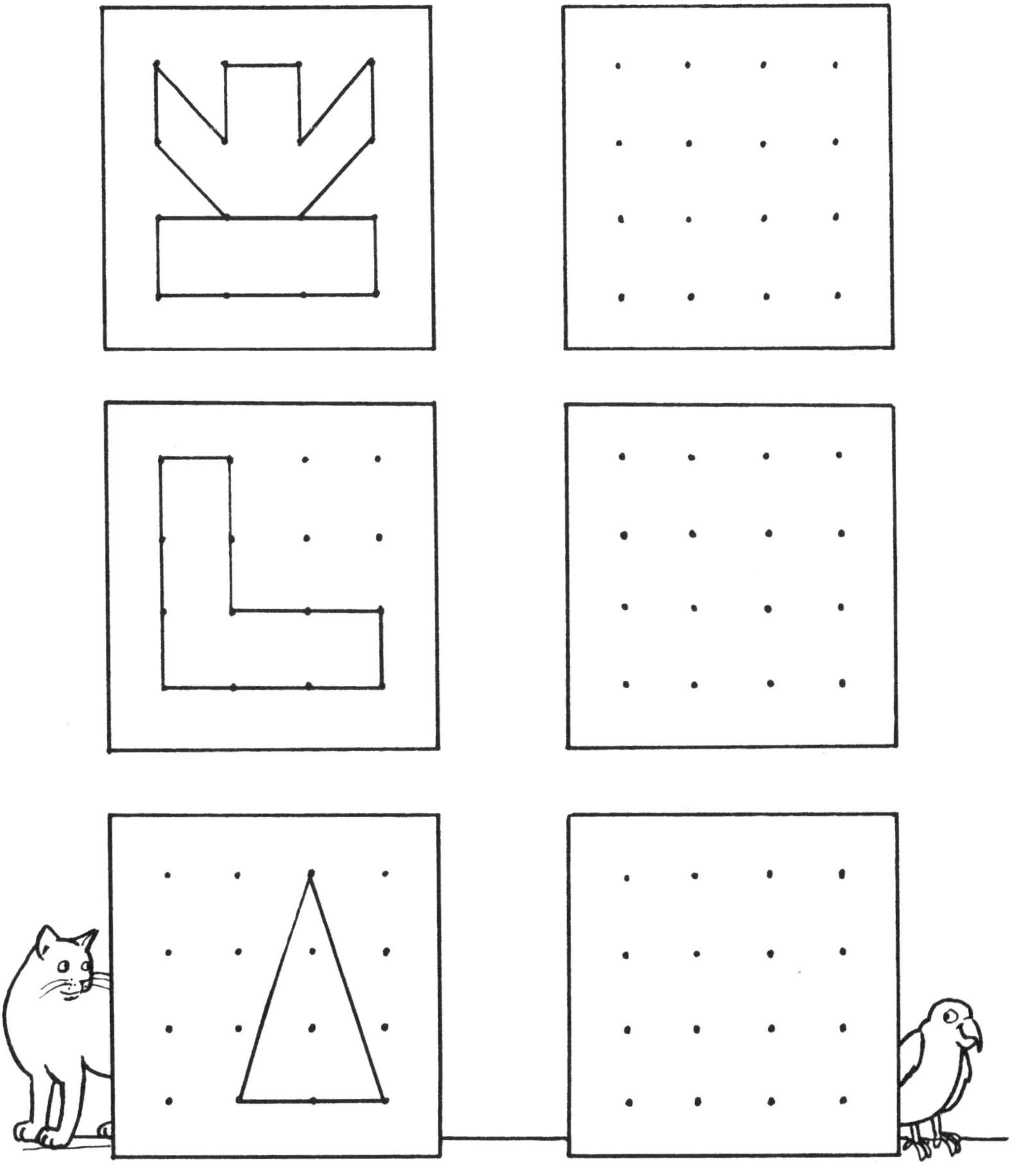

Zeichne jede Figur in das leere Feld daneben.
Die Punkte helfen dir.

Mache eine Pause, und male das Mandala bunt aus.

Bist du schon einmal beim Briefchenschreiben erwischt worden und andere haben ihn gelesen? Das kannst du verhindern, indem du eine Geheimschrift benutzt.

A = 1	B = 2	C = 3	D = 4	E = 5	F = 6
G = 7	H = 8	I = 9	J = 10	K = 11	L = 12
M = 13	N = 14	O = 15	P = 16	Q = 17	R = 18
S = 19	T = 20	U = 21	V = 22	W = 23	X = 24
Y = 25	Z = 26				

Die Buchstaben Ä, Ö, Ü, ß werden wie AE, OE, UE, SS in Zahlen umgesetzt.

Findest du heraus, was diese Botschaft bedeutet?

7 5 8 19 20   4 21   8 5 21 20 5   14 1 3 8 13 9 20 20 1 7
13 9 20   13 9 18   9 14 19   19 3 8 23 9 13 13 2 1 4?

Übersetze:

___

___

___

Ritter Stachel und sein Hund Rolfi
leben in einem geheimen Stachellabyrinth.
Wie kommen sie in ihr Stachelbett?

Knipse das Licht in den Fenstern an. Diese Fenster sollen erleuchtet sein: 5, 7, 2, 23, 17, 20, 26, 9, 21, 13, 30, 15, 19, 28.

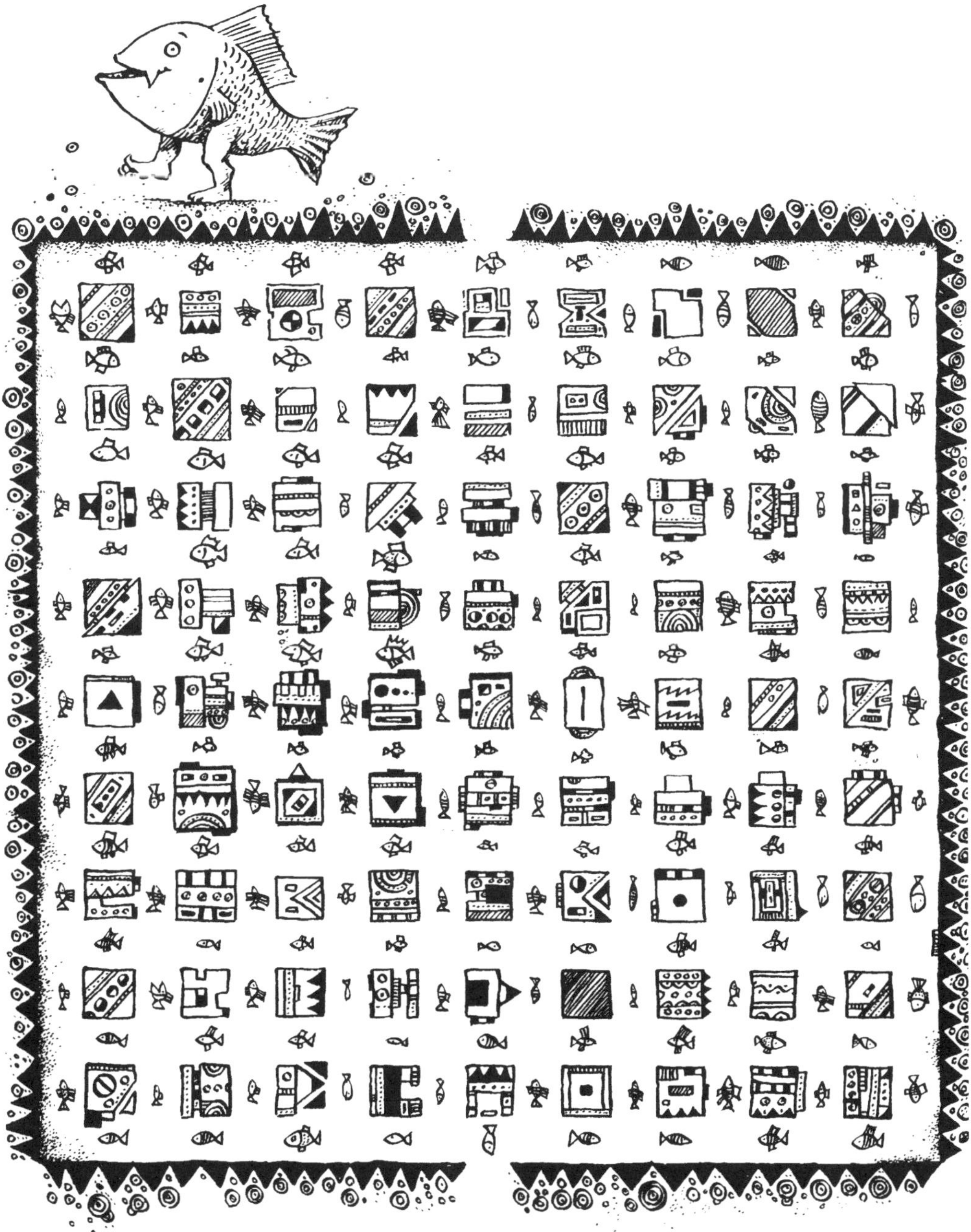

Hier findest du nur den Weg, wenn du mit den Fischen schwimmst.

Hier sind alle Namenwörter durcheinandergeraten!
Setze die Silben wieder richtig zusammen.

Hier siehst du eine ganz besondere Schneckenart: die T-Schnecken. Die Buchstaben auf ihren Häusern kannst du zu Wörtern zusammensetzen.
Probiere es aus.
l e n T f o e
o a m T t e

Te

r T O

T r e l l e

T O l m r e m

s h T e a c

T a l f e

a T x i

Je zwei Mäuse ziehen am selben Faden. Verfolge die Fäden mit den Augen. Siehst du, welche Mäuse zusammengehören?

Kannst du die Reimwörter zuordnen? Schreibe jedes Reimwort in einen Ballon im richtigen Bündel.

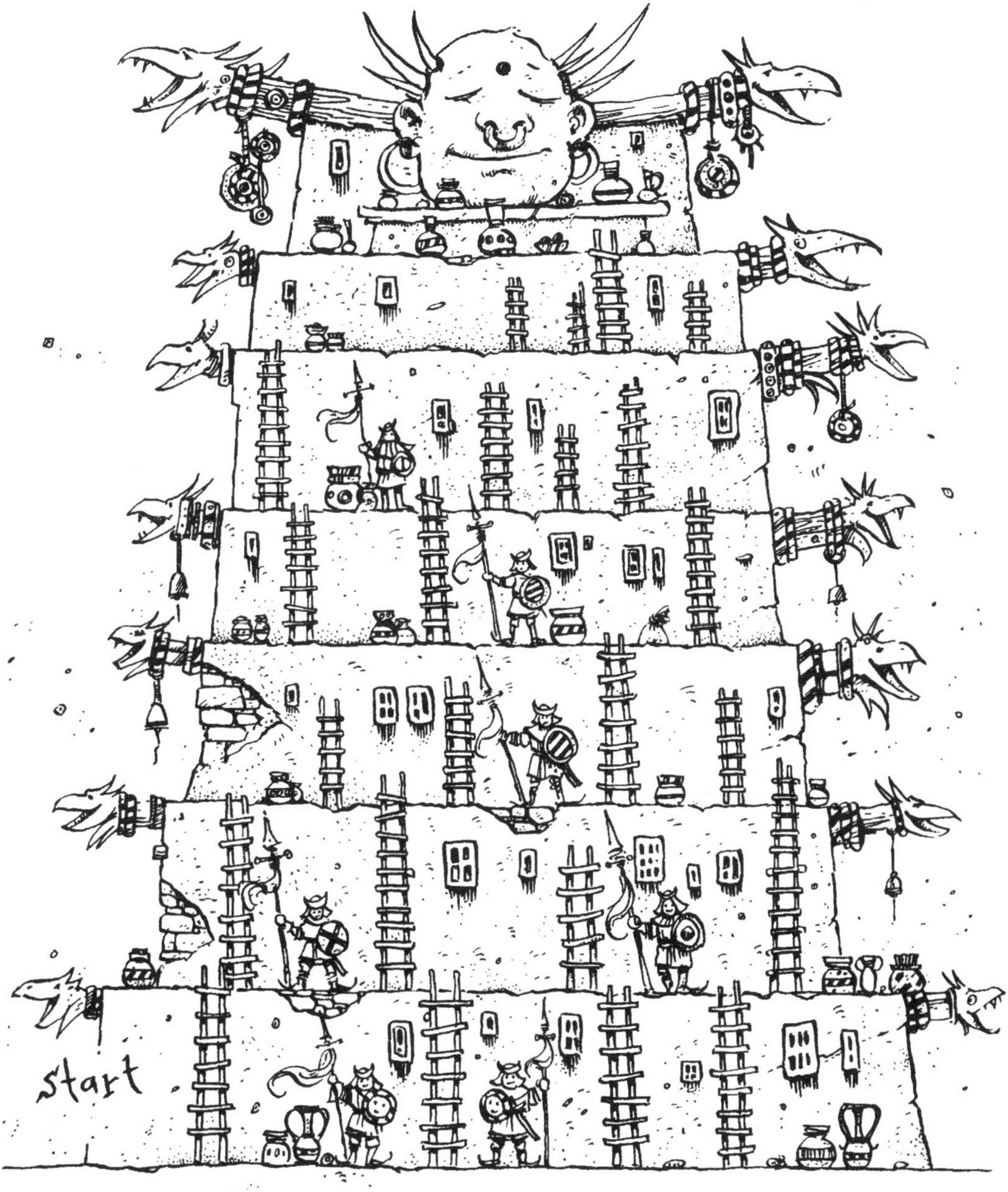

Die Krieger bewachen den Götzenkopf.
Aber trotzdem kannst du an ihnen vorbeikommen.

Um den Rätselwurm herum siehst du verschiedene Dinge. Setze ihre Namen in den Wurm ein. Der letzte Buchstabe eines Wortes ist der Anfangsbuchstabe des nächsten Wortes.

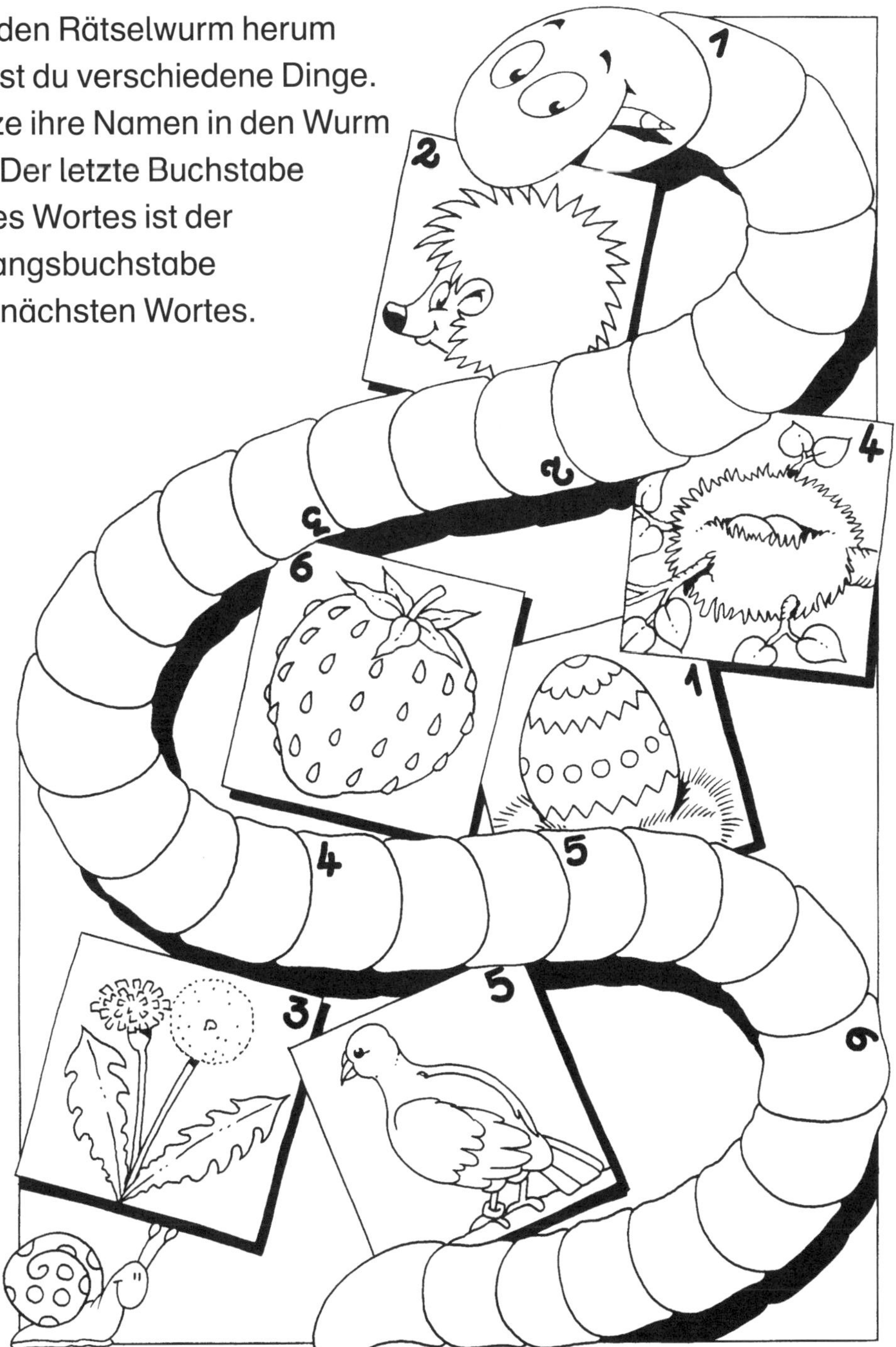

Immer zwei Würfelbilder sind gleich.
Verbinde die Bilder, die zusammenpassen.
Benutze für jedes Paar eine andere Farbe.

Um an die
Wunderlampe
zu gelangen,
musst du am
Vogel Rok vorbei.
Zum Glück ist
das Riesenküken
noch nicht
ausgewachsen.

Was ist denn
das für eine
Erscheinung?
Verbinde die Sternchen von 1 bis 90.

Steckbrief

Kannst du den Steckbrief ausfüllen? Die Angaben sind in dem Buchstabengewirr versteckt. Achtung: Die Wörter können waagrecht oder senkrecht stehen.

A	S	D	F	G	H	K	L	R	Ü	X
Q	W	R	X	K	C	D	R	T	E	B
P	L	K	U	A	F	T	G	Ä	R	C
C	D	R	T	S	Z	Q	A	Y	D	D
B	H	Z	T	I	C	D	N	H	B	G
U	K	L	I	M	O	N	A	D	E	V
P	J	T	X	I	B	S	A	O	E	R
R	O	S	A	R	O	T	I	K	R	N
W	T	D	F	G	B	J	O	T	E	F
Y	X	D	R	W	A	M	K	I	I	Z
A	S	D	F	G	H	J	K	L	S	G

Einmaleins-Parade

Die Tiere führen die Einmaleins-Reihen 6, 7, 8 und 10 vor.
Doch einige Zahlenfelder sind noch leer. Trage die richtigen Zahlen ein.

Lösungen

Seite 2: Der Hund liegt
vor der Hütte.
Die Katze kauert
vor dem Mauseloch.

Seite 3:

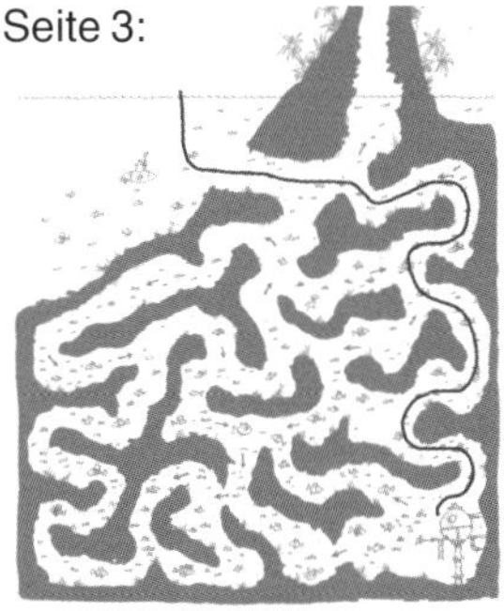

Seite 4:

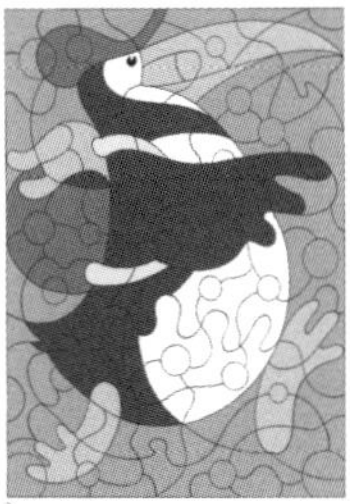

Seite 5:

3-+-1-=-4
3-+-4-=-7
1-+-2-=-3
4-+-1-=-5
2-+-3-=-5

Seite 6:

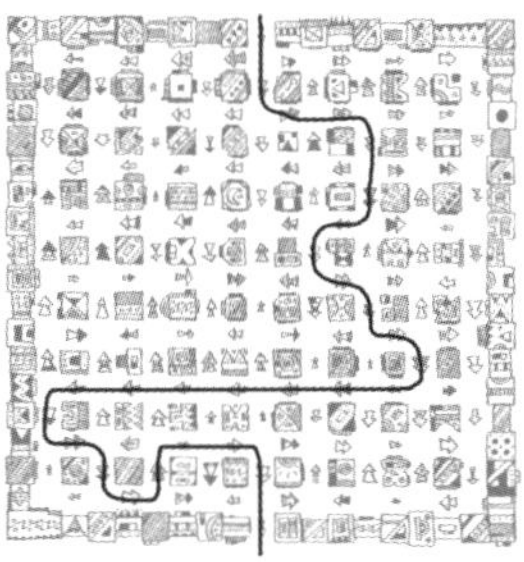

Seite 7:

Seite 8:

Seite 9:

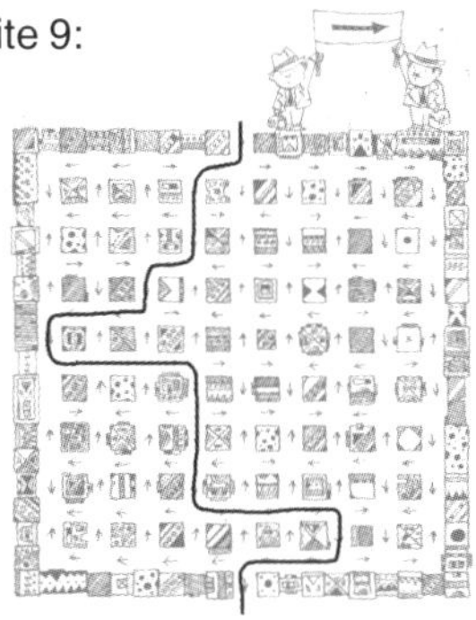

Seite 10: FERIEN

Seite 11:

Seite 12:

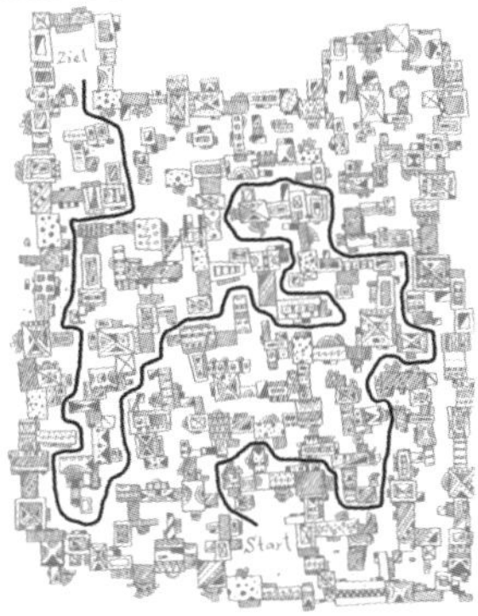

Seite 13:

Seite 14:

Seite 15:

Seite 16:

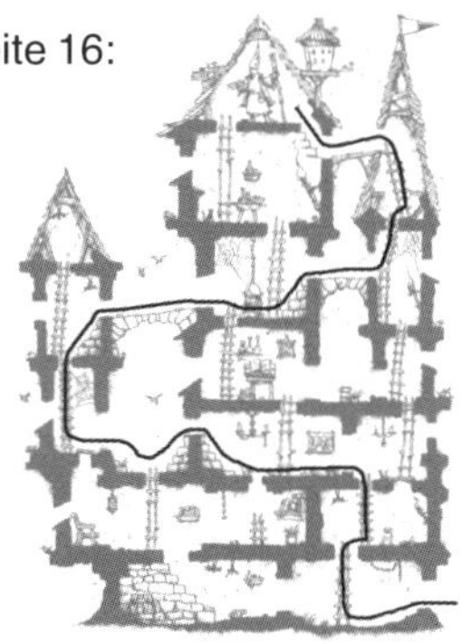

Seite 17: SONNENSCHEIN

Seite 18: *oben:* 3, 4, **5**, **6**, 7, **8**, 9
Mitte: 2, 4, **6**, 8, **10**, **12**, 14
unten: 10, **9**, 8, **7**, **6**, 5, 4

Seite 19:

Seite 20: S – Schaf, O – Ohr,
M – Maus, M – Mond,
E – Elefant, R – Rübe,
F – Fisch, E – Esel,
R – Rabe, I – Igel,
E – Eidechse, N – Nuss

Seite 21: Pup-pe, Bril-le,
Zahn-bürste, Ted-dy,
Stie-fel, Ho-se, Hand-tuch,
Ta-sche

Seite 22:

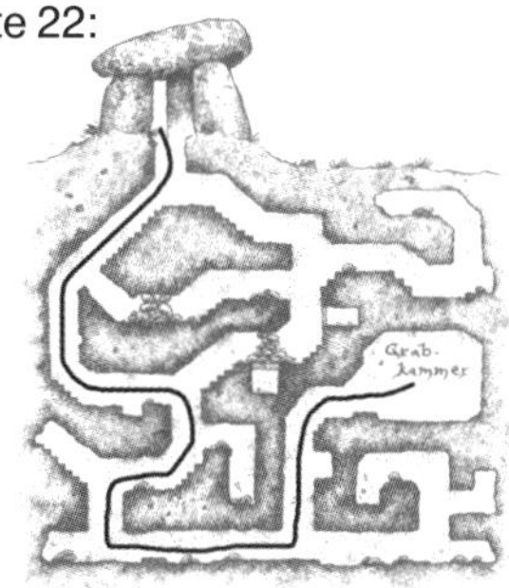

Seite 23: SUPER

Seite 24: *nächste Spalte oben*

Seite 25: **Sch**lange, Schi**r**m,
Buch, B**au**m, **Ei**s, Vam**p**ir,
An**a**n**a**s

Seite 24:

Seite 26:

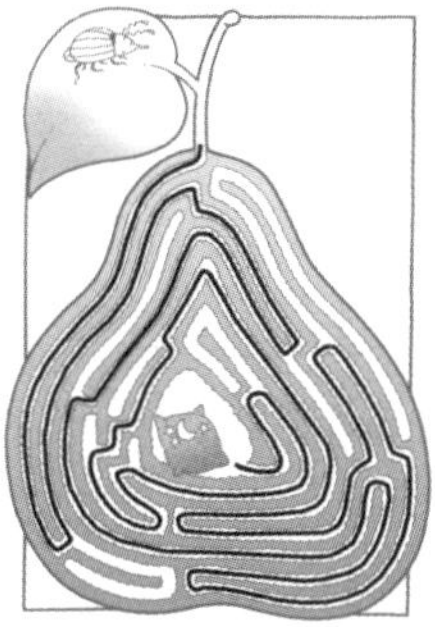

Seite 27:
Kühlschrank – ist kühl
Buch – ist nicht rund
Vogel – hat Federn
Schuh – kein Küchengerät

Seite 28:

45
15 30
6 9 **18** 12

23
13 10
3 10 6 **4**

40
30 10
15 15 **9** 1

Seite 29: *nächste Spalte oben*

Seite 30: STACHELSCHWEIN

Seite 31: *Waagrecht:*
ELEFANT, GIRAFFE
Senkrecht:
PAPAGEI, TIGER,
NASHORN, AFFE

Seite 29:

Seite 32:

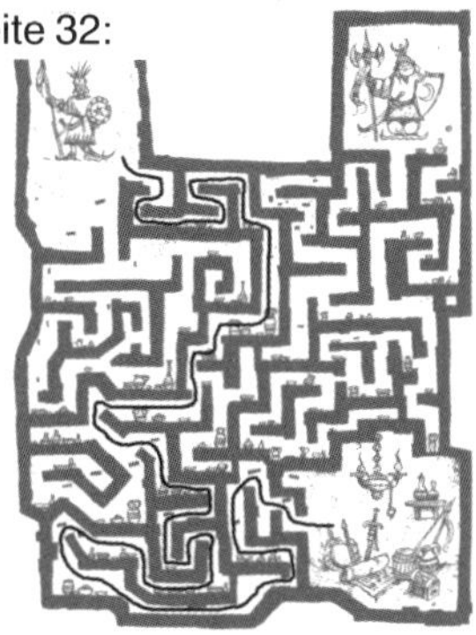

Seite 33:

28 Tiere, davon 18 Vögel
und 10 andere Tiere

Seite 34: GUTE LAUNE

Seite 35: *nächstes Blatt oben*

Seite 36:
der: Salat, Spinat, Honig
die: Milch, Pflaume, Gurke
das: Gemüse, Ei, Mehl

Seite 35:

Seite 37:

Seite 38:

Seite 39: *von links nach rechts:* DÄNEMARK, FINNLAND, ITALIEN, TÜRKEI, ÖSTERREICH, BELGIEN, SCHWEDEN; *von oben nach unten:* NIEDERLANDE, DEUTSCHLAND, FRANKREICH, GRIECHENLAND, NORWEGEN, SPANIEN

Seite 40: Der jüngste Elefant (Nr. 1) ist 3 Jahre alt. Die weitere Reihenfolge ist: Nr. 2 – 4 Jahre, Nr. 3 – 6 Jahre, Nr. 4 – 9 Jahre und Nr. 5 – 20 Jahre.

Seite 41:

Seite 42: 1. BERLIN, 2. ROM, 3. PRAG, 4. ATHEN, 5. WARSCHAU, 6. LONDON, 7. KOPENHAGEN, 8. AMSTERDAM, 9. PARIS

Seite 43: 2 – 4 – **6** – **8** – **10** – **12** – **14** – **16**

Seite 44:

Seite 45: ROTKEHLCHEN

Seite 46:

Seite 47: Es liebt Käse und Speck ... – Maus
Es trägt große Lasten ... – Esel
Dieses graue Tier lebt in Afrika ... – Elefant

Seite 49:

Seite 50:

Seite 51:

M	W	N	**K**	**A**	**T**	**Z**	**E**
I	T	J	H	T	E	S	G
L	O	H	S	U	E	V	**P**
P	B	O	X	**G**	P	A	**F**
A	R	T	L	**A**	O	W	**E**
K	E	**H**	**U**	**N**	**D**	E	**R**
A	M	J	R	**S**	F	I	**D**
T	D	N	A	U	E	H	A
K	**U**	**H**	U	L	S	M	K
C	E	R	P	O	T	L	A

Seite 52: **Max:** 5 + 12 (17) – 4 (13) + 9 (22) + 8 (30) – 6 (24) + 10 (34) – 3 (31) + 11 (42) – 2 = **40 Meter**
Tom: 3 + 6 (9) + 21 (30) – 7 (23) + 13 (36) – 4 (32) + 20 (52) + 6 (58) – 8 = **50 Meter**
Pit: 4 – 2 (2) + 18 (20) + 5 (25) – 7 (18) + 6 (24) + 12 (36) – 3 (33) + 5 (38) – 8 = **30 Meter**

Seite 53:

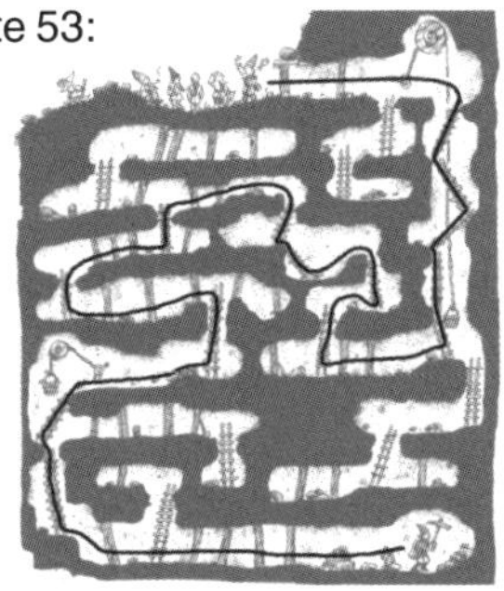

Seite 55:

Seite 56:

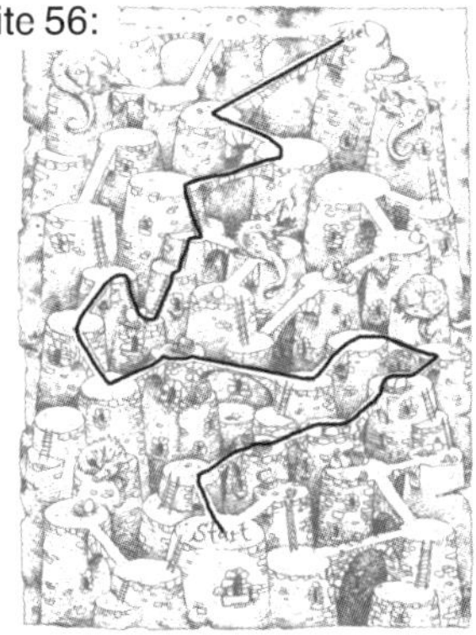

Seite 58:
rot: Vater, Veilchen, Verkehr
blau: Vulkan, Vampir, Villa

Seite 59:

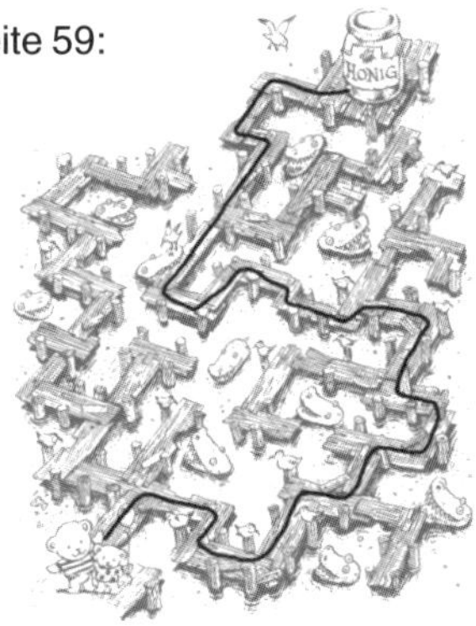

Seite 61: *oben:* **12** – 13 – **14**
Mitte: 15 – **16** – **17**
unten: **7** – **8** – 9

Seite 62:

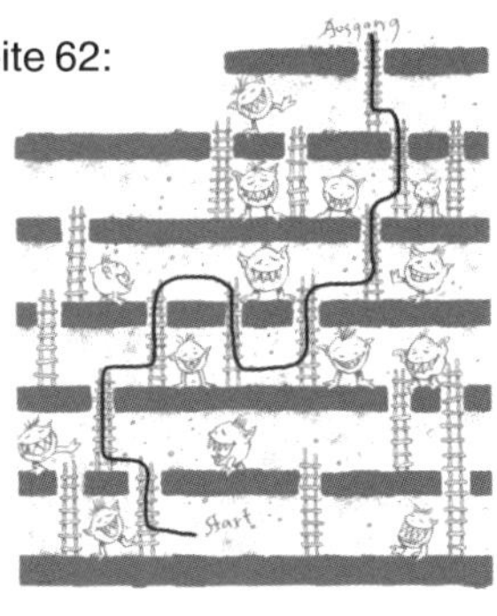

Seite 63:

Seite 64: Der Einbrecher war **Mister M.**

Seite 65:

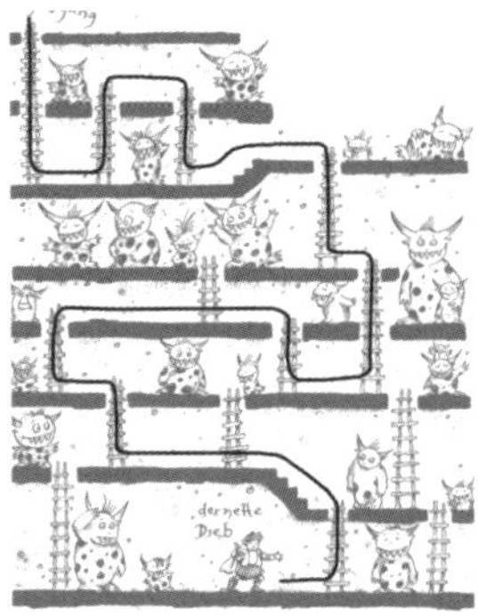

Seite 66:

oberer Fisch:	*mittlerer Fisch:*
13 – 1 = 12	10 + 0 = 10
20 – 11 = 9	20 – 8 = 12
14 – 4 = 10	18 – 6 = 12
20 – 12 = 8	8 + 1 = 9
15 – 3 = 12	7 + 3 = 10
5 + 5 = 10	5 + 3 = 8

unterer Fisch:

9 – 1 = 8	6 + 3 = 9
17 – 7 = 10	4 + 4 = 8
12 – 2 = 10	10 + 2 = 12

Seite 68:

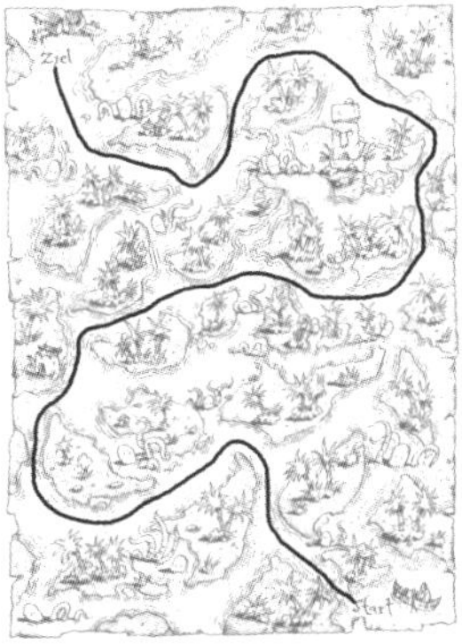

Seite 69:

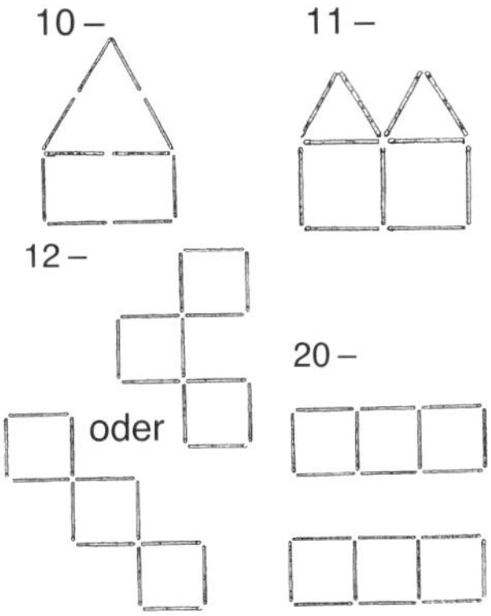

Seite 70:

Seite 71: Ente – Uhr
Katze – Schuh
Huhn – Dose
Frosch – Sardinenbüchse
Teddy – Flasche

Seite 72:

Waagerecht:
WÜNSCHEN, GEHEN, ARBEITEN, SAGEN, FINDEN, WEINEN, REDEN, GREIFEN/ BITTEN, WERFEN, REISEN, KAUFEN, VERSTEHEN/ STEHEN;

Senkrecht: BRATEN/ RATEN, HÖREN, MELDEN, ESSEN, LAUFEN, FRAGEN, IRREN, HALTEN, BRENNEN/RENNEN, ÜBEN, SINGEN, ZEICHNEN, TREFFEN, ERKLÄREN/KLÄREN.

Lösungswort: SCHLAFEN

Seite 73:

Seite 74:

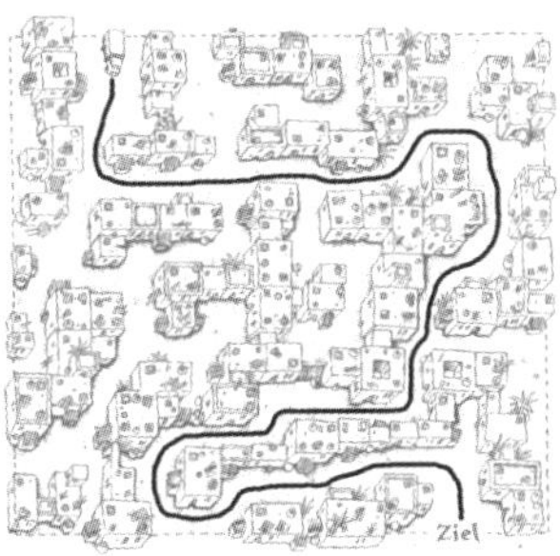

Seite 76: T**a**sche, Schw**ei**n, B**l**ume, **A**pfel, Dr**a**chen, Ra**n**zen, R**eg**enw**ur**m, **E**sel

Seite 77:

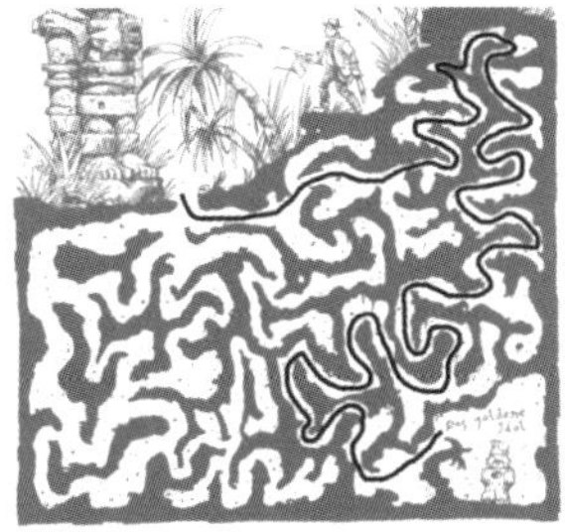

Seite 80: GEHST DU HEUTE NACHMITTAG MIT MIR INS SCHWIMMBAD?

Seite 81:

Seite 82: